Gemüsebau 2

Der praktische Ratgeber
für die Landfrau

Gemüsebau 2

Kohlgemüse, Wurzelgemüse, Zwiebelgemüse und andere

von Magda Haase

Landwirtschaftsverlag GmbH,
Münster-Hiltrup

Gesamtherstellung:
Druckerei des Landwirtschaftsverlages GmbH,
Münster-Hiltrup, Dezember 1987
ISBN 3-7843-1256-X

Inhaltsverzeichnis

Seite

Einleitung

Blätter, Wurzeln und Früchte gehören zu den wichtigsten Nahrungsgrundlagen der Menschheit. Zuerst wurden die Wildpflanzen gesammelt, später die Kulturgewächse genutzt.

Das Wort Gemüse stammt vom althochdeutschen ‘muos’ = Speise; das war ein Mus aus Getreide, anderen Pflanzenteilen (z. B. Puffbohnen) und Fleisch.

Im Verlauf der Geschichte erfuhren die Kulturpflanzen durch Züchtung und Auslese einschneidende Veränderungen, ganz neue Formen entstanden, z.B. Blumenkohl, Kopfkohl oder Kopfsalat. Die besten, der Ernährung dienenden Pflanzen wurden ausgewählt und zusammengetragen und vor allen Dingen züchterisch weiter bearbeitet.

So haben wir also heute eine so reiche Auswahl an Nutzpflanzen wie noch nie in der Geschichte der Menschheit. Die Gemüseernährung fand Eingang in breite Bevölkerungsschichten, die Erhöhung der durchschnittlichen Lebenserwartung hat unmittelbar mit dieser gesunden Vollernährung zu tun.

Der vorliegende Band befaßt sich hauptsächlich mit Kohl-, Wurzel- und Zwiebelgemüse. Die meisten dieser Pflanzen sind sogenannte Dauergemüse, die sich besonders gut für eine längere Lagerung eignen, so daß mit ihnen auch im Winter der Bedarf an Frischgemüsen gedeckt werden kann. Doch werden Sie in diesem Buch auch erfahren, wie man „Feingemüse“ anbaut, das nicht jeder in seinem Garten hat, wie z. B. Knollenfenchel, Spargel oder Zuckermais.

Die folgenden Kapitel, die die allgemeinen Grundsätze zum Gemüseanbau behandeln, wurden bewußt knapp gehalten und beinhalten nur das wesentlichste. Wenn Sie es genauer wissen möchten, lesen Sie bitte im „Gemüsebau 1“ nach.

Gesundheitliche Bedeutung der Gemüseernährung

In unserem Land ist es noch nicht so sehr lange möglich, jedermann den Luxus einer abwechslungsreichen Gemüsekost zu gönnen. „Kraut und Rüben“ waren für den „Pöbel“ gerade richtig, nur der Adel und das reiche Bürgertum konnten sich am Genuß von Salaten, Spargel und anderen feinen Gemüsen erfreuen. Die Erhöhung der Lebenserwartung für die ganze Bevölkerung hat unmittelbar mit dieser Ausweitung der gesunden Vollernährung zu tun. Es ist kein Luxus, wenn die wohlschmeckenden, vielfältigen Gemüse auf unseren Tisch kommen, denn sie sind in mehrfacher Hinsicht gesunde Nahrungsmittel:

- Gemüse ist kalorienarm, verhindert Übergewicht und Fettansatz.
- Es enthält außergewöhnlich viele Vitamine und Mineralstoffe.
- Es ist leicht verdaulich und fördert die Ausscheidungen.
- Es ist basisch, wirkt harntreibend und einer Versauerung entgegen.
- Es heilt manche Störung im Körperhaushalt.

Die speziellen Inhaltsstoffe und teilweise auch ihre Auswirkungen auf den menschlichen Körper werden bei den einzelnen Arten besprochen.

Die Anlage eines Gemüsegartens

Zur ganzjährigen Versorgung einer Person mit Gemüse rechnet man 40 m^2 Gemüseanbaufläche.

Gemüsebau ist arbeitsintensiv, deshalb sollte der Garten arbeitssparend eingeteilt sein. Also

– legen Sie die Beete in eine Reihe oder in einen Block;
– befestigen Sie den Zuweg, der ausreichend breit sein muß, damit auch eine Schubkarre darauf Platz hat, und legen Sie auch einen befestigten Weg zum Kompostplatz an;
– graben Sie das Gemüseland jeden Herbst als Ganzes um. Im Frühjahr treten Sie die 1,10 m bis 1,20 m breiten Beete ab, der Weg zwischen den Beeten ist 20 bis 30 cm breit;
– planen Sie Schlauchanschlüsse in ausreichender Zahl. Die Anschlüsse müssen im Garten so verteilt sein, daß Sie mit einem 20 m-Schlauch überall hinkommen.

Fruchtwechsel, Fruchtfolge, Kulturfolge

– Fruchtwechsel ist der Anbau jährlich wechselnder Gemüsearten auf dem gleichen Beet.
– Fruchtfolge ist die geplante Folge der Gemüsearten auf einem Beet über mehrere Jahre hinweg. Wir unterscheiden die einseitige Fruchtfolge, auch Monokultur genannt, von der vielseitigen Fruchtfolge.
– Kulturfolge ist die Aufeinanderfolge der Gemüsearten auf einem Beet mit Vorkultur, Hauptkultur und Nachkultur.
– Überschneidende Kulturfolge liegt vor, wenn z.B. zwischen halbfertigen Salat Gurken gesät werden.
– Von Mischkultur spricht man, wenn mehrere Gemüsearten auf einem Beet angebaut werden.

Für die Fruchtfolge ist die Versorgung mit organischem Dünger wichtig, am besten gibt man Stallmist im Herbst, aber auch Kompost im Frühling ist möglich. Wir teilen also unseren Gemüsegarten in zwei Hälften, die umschichtig mit Stallmist (Kompost) versorgt werden.

In den mit Stallmist versorgten Teil kommen die sogenannten Starkzehrer, in den Teil ohne Stallmist kommen die Schwachzehrer.

Die Zuordnung der Gemüsearten sieht folgendermaßen aus:

Starkzehrer	Schwachzehrer
Kohlarten Sellerie Porree Tomaten Gurken, Kürbisse	Möhren, Pastinaken Rettiche, Radieschen Zwiebelgemüse Salate, Spinat Erbsen, Bohnen

Der Anbauplan hält alle diese Daten fest. Aufgestellt in Form einer Tabelle, sollte er folgende Angaben enthalten:
– Lage und Größe jedes Beetes
– Gemüsearten und Sorte
– Entwicklungszeit der Gemüsearten in Monaten
– Saat und Pflanzabstände
– Pflanzen- und Saatgutbedarf
– Mineralische Düngung

Standortansprüche

Die Ansprüche der Gemüsearten an Licht und Temperatur sind sehr verschieden. Auch der Wind wirkt unterschiedlich auf die Pflanzen ein.
– Wärmebedürftige Gemüsearten: Bohnen, Gurkengewächse, Tomaten, Paprika, Eierfrüchte.
– Weniger wärmebedürftige Gemüsearten: Fast alle Kohlarten, die meisten Wurzelgemüse, Spinat, Wintersalat.
– Arten mit hohem Wasserbedarf: Sämtliche Kohlarten, alle Gurkengewächse, Sellerie, Rote Rüben.
– Arten mit mittlerem Wasserbedarf: Sämtliche Salate, alle Spinate, die meisten Wurzelgemüse.
– Arten mit relativ geringem Wasserbedarf: Zwiebel, Bohnen, Erbsen.
– Sehr windempfindlich sind: Gurken, Melonen, Kürbis, Busch- und Stangenbohnen, Tomaten.
Deshalb: Windschutz nach Norden und Osten zur Abwehr der kalten, austrocknenden Winde. Westen und Süden sollten Sie

freihalten, damit keine stehende Luft entsteht, wodurch Pilzkrankheiten gefördert werden.

Der geeignetste Gemüseboden ist sandiger bis mittelschwerer Lehm mit einem pH-Wert von 6 bis 7. Die Nährstoffe müssen stets ausreichend in leicht aufnehmbarer Form vorhanden sein.

- Stickstoff (N) fördert das Pflanzenwachstum.
- Kali (K_2O) schafft feste Zellwände und fördert deshalb die Haltbarkeit und Widerstandsfähigkeit.
- Phosphorsäure (P_2O_5) fördert die Blüten- und Fruchtbildung.
- Kalk (Ca) ist nicht nur Pflanzennährstoff sondern auch ein Bodenverbesserungsmittel.
- Magnesium (Mg) ist im Blattgrün enthalten.

Spurenelemente sind Bor (B), Molybdän (Mo), Mangan (Mn) und Eisen (Fe). Deren Fehlen verursacht die unterschiedlichsten Mangelerscheinungen, doch bei Einhaltung einer geordneten Fruchtfolge und bei ausreichender Versorgung des Bodens mit organischen und anorganischen Düngemitteln können diese Schäden nur an Extremstandorten (z.B. Moor, Bauschutt) auftreten.

Bodenvorbereitung

Im Herbst wird der gesamte Gemüsegarten einen Spatenstich tief umgegraben, dabei werden Ernterückstände und eventuell Stallmist mit eingearbeitet.

Im Frühjahr erfolgt die Boden-Feinbearbeitung mit Krail und Rechen.

Im Sommer wird durch Hackarbeiten Unkraut vernichtet und der Boden gelockert.

Aussat, Pflanzung und Pflege

Kaufen Sie nur hochwertiges Saatgut mit Keimgarantie, und zwar jedes Jahr neu.

Kalibriertes Saatgut, Pillensaatgut und Saatbänder sind Sonderformen mit ausgesuchten Samenkörnern und höchster Keimfähigkeit. Die Saattiefe ist bei den meisten Gemüsearten 1,5 bis 3 cm. Saatbeete dürfen niemals trocken werden, sonst stirbt der gequollene Samen ab. Das Saatgut sämtlicher Gemüsearten sollte man vor der Verwendung beizen.

Gemüsearten, von denen keine Jungpflanzen angeboten werden, muß man selbst vorkultivieren. Die Industrie bietet zahlreiche Hilfsmittel dafür an (Schalen, Mini-Gewächshäuser, Fertigerden usw.). Haben die Sämlinge die ersten Laubblätter entwickelt, werden sie pikiert, das heißt 2 x 2 cm auseinandergepflanzt. Arbeitssparend ist die Aussaat in Torfpreßtöpfe, die mitgepflanzt werden.

Zur Jungpflanzenentwicklung muß ausreichend Licht vorhanden sein, die richtige Anzuchttemperatur liegt bei 18 °C bis 22 °C bei Tag und bei 15 °C bis 18 °C in der Nacht. Vor dem Auspflanzen müssen die Sämlinge „abgehärtet", das heißt in steigendem Maße der Freilandtemperatur ausgesetzt werden.

Jungpflanzen, auch zugekaufte, müssen kräftig, gedrungen und dunkelgrün sein, der Ballen soll gut durchwurzelt sein.

Starkzehrer (Kohlarten etc.) erhalten vor dem Setzen eine „Startdüngung". Die gründlich gewässerten Jungpflanzen werden mit einer Volldüngerlösung gegossen. Danach werden sie wieder mit Wasser überbraust.

Nun kann gepflanzt werden, nachdem man die Beete abgetreten und die Pflanzstellen markiert hat. Die Größe des Standraumes ist wichtig, genaue Angaben finden Sie bei jeder Gemüseart.

Düngung

– Organischer Dünger:
  Stallmist: 5 dt (dz) pro 100 m^2 in zweijährigem Turnus.
  Kompost: 1 m^3 pro 100 m^2 in zweijährigem Turnus.
  Rindenmulch und Rindenkompost: Nach aufgedruckter Gebrauchsanweisung.

- Gründüngung:
  Wird als winterliche Bodenbedeckung oder als sommerlicher Flächenfüller angewendet. Der Nutzen ist zweifach: Erhaltung der Bodenstruktur und Zufuhr von Nährstoffen.
- Mineralischer Dünger:
  Eine harmonische, richtig dosierte, gezielt eingesetzte mineralische Düngung verbessert Qualität und Ertrag der Gemüsearten. Die Bodenanalyse ist in jedem Fall hilfreich. Sie wird von den Landwirtschaftlichen Untersuchungs- und Forschungsanstalten durchgeführt. Diese Stellen informieren auch über die richtige Probenahme.
  Mineralische Nährstoffe dürfen nicht auf einmal gegeben werden, das führt zu Salzschäden und Auswaschungen, letzteres schädigt die Umwelt.
  Die Grunddüngung wird vor der Bestellung verabreicht, die erste Kopfdüngung bei Pflanzgemüsen erfolgt drei Wochen nach dem Setzen und bei Sägemüsen nach Bildung der ersten Laubblätter. Die zweite Kopfdüngung (wenn erforderlich) gibt man bei Bestandesschluß.

Bewässerung

Gemüsebeete wässert man nicht so oft – auf nassen Blättern siedeln sich Pilzkrankheiten an –, dafür aber durchdringend. 15 bis 20 Liter Wasser pro m^2 (= zwei Gießkannen) sind die Norm.

Im Frühjahr und Herbst sollte am späten Vormittag, im Sommer am späten Abend gegossen werden.

Pflanzarbeiten werden nur bei trübem Wetter durchgeführt, um den Schock für die Pflanze gering zu halten. Danach wird jede Pflanze mit konzentriertem Wasserstrahl angegossen, damit die Wurzeln Bodenschluß bekommen.

Pflanzenschutz

Der Pflanzenschutz im Hausgarten sollte sich auf vorbeugende Maßnahmen (ausgewogene Fruchtfolge, Mischkultur, ausreichender Standraum, optimale Ernährung und Pflege) beschränken, chemische Pflanzenschutzmittel sollten Sie nur in Ausnahmefällen anwenden.

Man unterscheidet
- Fungizide: pilzbekämpfende Mittel und
- Insektizide: insektenbekämpfende Mittel.

Sämtliche Pflanzenschutzmittel müssen von der Biologischen Bundesanstalt in Braunschweig geprüft und zugelassen sein.

Die neuen Gefahrensymbole und Gefahrenbezeichnungen
(Schwarzer Aufdruck auf orangegelbem Grund)

T

Giftig

C

Ätzend

Xn

Gesundheitsschädlich

Xi

Reizend

Es ist genau darauf zu achten, daß sämtliche Vorsichtsmaßnahmen beim chemischen Pflanzenschutz eingehalten werden: Gebrauchsanweisungen lesen, Wartezeiten (Karenzzeiten) bis zur Ernte unbedingt einhalten!

Frostschutz und Ernteverfrühung

Der Frostschutz und die Ernteverfrühung können heute mit wenig Aufwand mit Hilfe von Mulchfolien, Flachfolien und Folientunneln erreicht werden.

- Mulchfolien:
  0,05 mm dicke schwarze Folie, meist mit Schlitzen, besonders für wärmebedürftige Pflanzen.
- Flachfolien:
  Ebenfalls eine 0,05 mm starke PE-Folie. Sie kann ungelocht als Auflaufhilfe verwendet werden; mit 500 bis 750 Löchern pro m^2 kann sie aber auch bis zur Hälfte der Kulturzeit auf den Pflanzen bleiben.
  Die Flachfolie mit Schlitzen, die „mitwachsende Folie“, bleibt bis zur Ernte auf der Kultur, die Schlitze werden dabei größer.

Das Kunststoff-Faservlies kann wie mitwachsende Folie verwendet werden.

– Folientunnel:
gibt es vorgefertigt, mit und ohne Löcher, man kann sie aber auch selbst bauen.
Mit Hilfe von Flachfolien und Folientunneln lassen sich Temperaturen bis −5 °C ausgleichen.

Ernte und Aufbewahrung

Frischgemüse erntet man am frühen Morgen, Lagergemüse so spät wie möglich im Herbst. Letzteres kann nur trocken und in einwandfreiem Zustand in das Winterlager gebracht werden.

Speisezwiebeln läßt man nach der Ernte, die bei heißem, trockenem Wetter erfolgen sollte, noch einige Tage auf dem Beet nachtrocknen. Nur ganz trockene Zwiebeln faulen nicht im Winterlager, das auch nicht zu warm und zu feucht sein sollte, damit das Lagergut nicht austreibt.

Winterporree bleibt über Winter auf dem Beet stehen, er wird im Herbst angehäufelt und mit einigen Fichtenästen gegen Frost geschützt.

Dauergemüse erntet man an trockenen Tagen. Kommt Gemüse naß in den Lagerraum, sind der Fäulnis Tür und Tor geöffnet. Deshalb darf man das Lagergut auch nicht waschen, das wäre falsch verstandene Hygiene. Sorgfältig muß zusätzlich darauf geachtet werden, daß die Köpfe, Wurzeln und Knollen heil und nicht verletzt sind, nicht angefault und vollkommen ausgereift. Auch nicht zu früh im Herbst sollte die Ernte erfolgen, die nebligen, oft gar nicht kalten Herbsttage bringen noch einen erheblichen Zuwachs an Pflanzenmasse.

Wenn aber die stärkeren Fröste beginnen, also etwa Anfang November, ist es höchste Zeit, an die Ernte zu gehen. Die Pflanzenkörper sind dann auch soweit abgekühlt, daß im Winterlager nicht sofort starkes Wachstum von schädlichen Pilzen und Bakterien beginnt.

Der ideale Lagerraum für Wintergemüse läßt sich gut lüften, es herrscht ständig eine Temperatur von 3 bis 5 °C, die Luftfeuchtigkeit beträgt 70 bis 80 %.

Ob Sie nun einen Keller haben, in dem diese Verhältnisse herrschen, eine Scheune oder einen Schuppen, das ist zweitrangig. In dem Überwinterungsraum kann man dann auch Chicorée treiben, Winterendivien bleichen oder z. B. Dahlienknollen aufheben. Obst und Gemüse sollten Sie aber nicht in einem Raum aufbewahren, weil Obst (Äpfel besonders) das Gas Äthylen ausscheidet, das Gemüse schnell verderben läßt.

Wurzelgemüse schlägt man in Sand oder Torf ein, Kohl kann man mit oder ohne Strunk aufbewahren, er wird auf Haufen, in Kisten oder in Regalen gelagert, manche Leute schlagen ihn (mit Strunk) auch ein.

Steht kein Überwinterungsraum zur Verfügung, ist es möglich das Wintergemüse im ausgefahrenen Frühbeet zu lagern. Kohl auf Stroh legen, Wurzelgemüse einschlagen. Mit Fenstern und Strohmatten abdecken, bei schönem Wetter das Lüften nicht vergessen, drohen extrem tiefe Temperaturen, zusätzliches Abdeckmaterial (Laub, Reisig) aufbringen. Auch hier haben Bleichgemüse, selbst Chinakohl und Knollenfenchel ihr frühwinterliches Domizil, auch hier kann Chicorée getrieben werden.

Steht kein Frühbeet zur Verfügung, dann heben Sie im Garten eine Grube aus, ca. 50 cm sollte sie tief und ca. 80 cm breit sein, die Länge richtet sich nach der Menge des vorhandenen Lagergutes. Sind Mäuse im Garten, muß man die Grube mit einem engen Maschendraht auslegen. Darauf kommt das Lagergut, abgedeckt wird mit Stroh, Brettern und Erde.

Viele Gemüse lassen sich einfrieren oder mit Hilfe von Dampf haltbar machen. Bei den einzelnen Arten wird darauf eingegangen.

Kohlgemüse

Kohlarten dienen der menschlichen Ernährung, seit Menschen auf dieser Erde wohnen. Bei den alten Mittelmeer-Kulturvölkern (Ägypter, Griechen und Römer) waren sie schon bekannt, bedeutende antike Schriftsteller berichteten über sie. Zur Zeit der Römer gab es noch keinen Kopfkohl, nur Blätterkohl. Auch heute noch läßt tropisches und subtropisches Klima eine Kopfkohlbildung nicht zu. Dort ist der Kohl ein lockeres Blattbüschel.

Kelten, Germanen und Slawen kannten den Kohl vor der Römerherrschaft, im frühen Mittelalter entstand unter Mitwirkung vieler Völker nördlich der Alpen der Kopfkohl. Das Sauerkraut haben Slawen erfunden, von dort kam diese Methode der Haltbarmachung zu uns nach Westen. Der Name Kohl stammt vom lateinischen caulis = der Stengel.

Brassica oleracea ist eine sehr variable Pflanze. Als Stammart der meisten Formen kommt wohl Brassica oleracea var. silvestris in Frage, eine ausdauernde Pflanze, eine Staude also, die im Mittelmeergebiet und an den Küsten Südenglands, Irlands und Frankreichs zu Hause ist, also eine Dünen- und Strandpflanze. Von der Wildform ausgehend entwickelten sich zuerst die Blätterkohle, von denen unser Grünkohl recht bekannt ist. Daraus bildeten sich durch Deformierung des Stengels und der Endknospe die Kopfkohlarten, durch Deformierung des Stengels (Verdickung des Stengelgrundes) der Markstammkohl und daraus der Kohlrabi und durch Deformierung des Blütenstandes (Stauchung) der Blumenkohl.

In neuerer Zeit nimmt man jedoch an, daß sich Blumenkohl aus Brassica cretica entwickelt hat, und zwar über den Spargelkohl und den Brokkoli. Blumenkohl gibt es noch nicht so lange, in Italien (Genua) hat man ihn zur heutigen Gestalt gezüchtet.

Auch der Rosenkohl ist relativ „jung“, er ist 1785 in Belgien aus dem Wirsing entstanden (Brüsseler Kohl) und stellt einen Rückschlag auf die Ausgangsform mit ihrem verzweigten Stengel dar, die Blattachselknospen sind zu kleinen „Köpfchen“ deformiert.

Der Wirsing entstand in Savoyen (Savoyer Kohl).

Unsere Kohlarten sind also sämtlich, mit Ausnahme des Grünkohls, Deformierungen und Mißbildungen eines Pflanzenteils. Ohne Eingriff des Menschen würden sie in dieser Form nicht existieren.

Die Inhaltsstoffe der einzelnen Kohlarten sind recht unterschiedlich. Kopfkohl enthält ca. 90 bis 95% Wasser, Rosen- und Grünkohl nur noch 80%. Dazwischen gibt es alle Abstufungen. Auch innerhalb der Sorten ist der Wassergehalt unterschiedlich. Je haltbarer eine Kohlart oder -sorte ist, desto weniger Wasser befindet sich im Gewebe. Je weniger Wasser der Rotkohl enthält, desto intensiver die Rotfärbung. Wird Rosen- und Grünkohl dem Frost ausgesetzt, sinkt der Wassergehalt ebenfalls ab.

Der typische Kohlgeschmack geht auf ein ätherisches Senföl zurück, das aber erst entsteht, wenn das im Kohl vorhandene Ferment Myrosin mit den Glykosiden zusammenkommt, die ebenfalls Bestandteil der Kohlzellen sind.

An Vitaminen sind A (Carotin), B_1, B_2 und C enthalten. Am vitaminreichsten ist der Grünkohl, dann folgt der Rosenkohl, am wenigsten Vitamine enthalten Weiße Rübe und Kohlrübe.

Am nährstoffreichsten (Eiweiß, Fett, Kohlehydrate) sind ebenfalls Rosenkohl und Grünkohl, am nährstoffärmsten die Kopfkohlarten.

Weißkohl und Rotkohl

Brassica oleracea var. capitata

Allgemeines: Der Kopfkohl ist entstanden, weil die Zwischenräume zwischen den Blättern immer kürzer wurden, besonders zu der Spitze hin, und weil das Wachstum der Laubblätter gehemmt ist. Die Kopfbildung geht von der Endknospe aus, deren Blätter viel zu lange in der Knospenanlage bleiben und daher nur geknittert heranwachsen können. Je enger die Blatt-Zwischenräume, desto fester die Köpfe. Die Kopffestigkeit ist eine Sorteneigentümlichkeit, Spätsorten wurden speziell auf Festigkeit gezüchtet.

Anthocyan ist die rote Farbe, die den Weiß- vom Rotkohl unterscheidet. Feste Dauerkohlsorten sind rund, keine andere Kopfform erreicht diese hohe Festigkeit.

Ansprüche: Sämtliche Kohlarten sind sehr robust, frosthart sind jedoch nur Rosenkohl, Grünkohl und Winterwirsing. Leichte Fröste im Herbst schaden nicht, Frühlingsfröste können aber das Schossen auslösen.

Kohl-Stammformen sind Strandpflanzen, sie lieben die hohe Luftfeuchtigkeit und viel Wasser im Boden. Das hat sich auch bei unseren Kulturformen erhalten. Alle Kohlarten brauchen auch viel Licht, sie lassen sich also nicht unter Obstbäumen anbauen. Der Boden sollte mittelschwer bis schwer und damit gut wasser- und nährstoffhaltend sein, denn der Nährstoffbedarf ist sehr hoch. Kohl gilt als der Prototyp aller starkzehrenden Gemüsearten.

Sorten:

– Weißkohl: Frühe Sorten sind 'Dithmarscher allerfrühester', dessen verbesserte Form 'Allfrüh' heißt (Ernte Ende Juni).
  'Erstling' ist ein Spitzkohl, der bereits im Herbst gepflanzt werden kann und der als einziges Weißkraut bedingt frosthart ist.
  Mittelfrühe Sorten (für Sauerkraut) sind 'September' (Ernte Ende September), 'Holsteiner Platter' mit plattrundem Kopf (Ernte Ende Oktober) und 'Filderkraut' mit spitzem Kopf (Ernte im September).
  Lagersorten sind 'Langendijiker Dauer', 'Marner Lagerweiß' und 'Amager'.
– Rotkohl: Frühe Sorten sind z.B. 'Marner Frührotkohl' und 'Frührot'.
  Mittelfrühe Sorten sind 'Mohrenkopf' und 'Marner Septemberrot'.
  Späte Sorten sind 'Lagerrot' und 'Dauerrot'.

Pflanzung und Pflege: Weil Kohl, besonders die Kopfkohlarten, so sehr wasser-und nährstoffbedürftig sind, muß das Kohlbeet schon im Herbst eine gute Stallmistgabe erhalten. Ist der Boden nicht sehr humusreich, ist es etwa gar ein magerer Sandboden, verabreicht man im Frühjahr noch zusätzlich Kompost, der aber nicht untergegraben wird, sondern oben auf dem Boden liegenbleibt. Zusätzlich muß man für die Herbst- und Dauerkohle 150 g/m² Blauvolldünger geben, und zwar
70 g/m² als Grunddüngung vor dem Anbau,
50 g/m² als erste Kopfdüngung drei Wochen nach der Pflanzung,
30 g/m² als zweite Kopfdüngung, wenn die Kopfbildung beginnt.
Frühkohle benötigen insgesamt nur ca. 100 g/m² Blauvolldünger.

Frühkohl setzt man so bald wie möglich, er kann in den ersten Wochen mit Vlies oder Flachfolie geschützt werden, auch in Folientunneln und -zelten wächst er in den ersten Wochen gut, die Ernteverfrühung ist dann erheblich. Selbst auf das Hügelbeet können Sie Frühkraut setzen, auch dann gibt es bald eine Ernte. Die Kultur ist recht kälteresistent, besonders die Sorte 'Erstling', ein weißer Spitzkohl, den man im nicht zu kalten Klima schon im Herbst setzen kann. Die Pflanzweite für Frühkohl beträgt 40x35 cm. Jungpflanzen für diese Sortengruppe werden Sie wohl zukaufen müssen, es sei denn, Sie besitzen ein heizbares Gewächshaus. Die Setzlinge müssen gedrungen und kräftig sein, möglichst mit Topfballen.

Mittelfrühe und Spätsorten pflanzt man Mitte Mai bis Mitte Juni, die mittelfrühen Sorten 60 x 60 cm, die späten 50 x 50 cm. Hier können wir die Jungpflanzen auf einem Freiland-Saatbeet selbst vorziehen, man sät Anfang April/Anfang Mai auf das gut vorbereitete, mit Torfmull (damit die Wurzelballen halten) verbesserte Beet, und zwar breitwürfig, 1 g Samen/m^2, damit sich die Jungpflanzen gut entwickeln können.

Kohl, besonders Frühkohl, braucht ja viel Wasser. Man muß also unbedingt regelmäßig und reichlich gießen, und man muß hacken, damit das Bodenwasser nicht unnötig verdunstet. Ebenso wichtig ist die reichliche Düngung, über die wir schon gesprochen haben.

Die wichtigsten Kohl-Krankheiten und -Schädlinge sind die Kohlhernie, die Kohlfliege und die Erdflöhe.

Die Kohlhernie zeigt sich durch verdickte und faulende Wurzeln, die Pflanzen welken und gehen zugrunde. Verursacht werden diese Wurzelanschwellungen durch einen Pilz, der vom Boden aus in die Wurzeln eindringt. Die Dauersporen dieses Pilzes können im Boden jahrelang lebensfähig bleiben und bei zusagenden Bedingungen sofort neue Pflanzen infizieren. Eine direkte Bekämpfung ist nicht möglich, deshalb müssen wir vorbeugende Maßnahmen ergreifen:

- Kohlarten, ja alle Kreuzblütler (z.B. Rettich, Radieschen), dürfen nicht hintereinander auf das gleiche Beet gebracht werden.
- Setzen Sie nur wirklich gesunde Jungpflanzen.
- Kohlstrünke, auch gesund erscheinende, dürfen im Herbst nicht mit eingegraben oder kompostiert werden, sie gehören in die Mülltonne.
- Wenn Sie vorbeugend drei bis vier Wochen vor dem Pflanzen ca. 60 g/m^2 Kalkstickstoff ausstreuen und gut in den Boden einarbeiten, dann desinfizieren Sie die Erde.
- Manchmal hilft auch eine frische Kalkung mit ca. 200 g/m^2 kohlensaurem Kalk, denn wenn die Bodenreaktion extrem alkalisch ist, keinem die Pilzsporen langsamer.

– Der Boden muß nach starken Niederschlägen, die die Oberfläche verkrusten lassen, schnell wieder aufgehackt werden. Solche Böden kann man auch gut mulchen, z.B. mit Stroh. Luftabschluß und Staunässe unterstützen ganz offensichtlich den Befall.
– Doch am besten ist es, Sie verbannen die Kreuzblütler für mindestens vier Jahre vom befallenen Beet.

Die Kohlfliege legt ihre Eier an den Wurzelhals der jungen Kohlpflanzen, die Maden dringen in die Wurzeln und in den Stengel ein und fressen sie von innen heraus auf; die Pflanzen welken zunächst und gehen dann ein.

In Gebieten mit einem regelmäßig starken Befall sollten die Kohlarten erst nach der Kastanienblüte gepflanzt werden. Die Flugzeit der ersten Generation ist dann vorbei. Außerdem sollten die Kohlarten nie in frisch mit Stallmist gedüngte Böden gepflanzt werden, sondern nur in solche, die schon im Herbst mit Stallmist versorgt wurden.

Für kleinere Anbauten empfiehlt sich auch die Verwendung eines Insektennetzes, welches bis zum Kulturende auf der Kultur verbleibt.

Bei einem kleineren Anbau können um den Wurzelhals der Pflanzen runde Manschetten gelegt werden, auf denen die Fliegen ihre Eier ablegen, nach der Eiablage sammelt man die „Kragen" ein und verbrennt sie.

Auch die Erdflöhe befallen sämtliche Kreuzblütler. Es sind kleine Käfer, die die Blätter anfressen. Gegen diese Plagegeister hilft die ständige Befeuchtung des Saatbeetes. Später, wenn die Pflanzen etwas größer sind, richten die Tiere keine nennenswerten Schäden mehr an.

Ernte und Aufbewahrung: Frühsorten erntet man von Ende Mai bis Ende Juni, Frührotkohl ab Ende Juni. Bauen Sie nicht zuviel davon an, man kann ihn nämlich nicht lagern.

Die mittelfrühen Kopfkohlarten werden im September, höchstens im Oktober geschnitten, diese Weißkraut-Sortengruppe dient vor allen Dingen der Sauerkrautbereitung.

Den späten Lagerkohl bringen wir Anfang November in den Überwinterungsraum. Je länger er draußen bleiben darf, desto größer und fester wird er. Auch die Widerstandsfähigkeit gegen Fäulnis steigt.

Wirsing und Butterkohl

Brassica oleracea var. sabauda

Allgemeines: Auch hier findet man dieselbe Kopfbildung wie bei Weiß- und Rotkraut, doch die Blattspreiten sind nicht glatt, sie sind blasig und bucklig, weil die Blattrippen langsamer wachsen als die Blattfelder. Es gibt, je nach Sorte, wie beim Kopfkohl lockere und dichte Köpfe. Wirsing hat einen milderen Geschmack als Kopfkohl. Winterwirsing und Butterkohl sind frostwiderstandsfähig.

Der Butterkohl ist eine Untervarietät des Wirsings, ebenfalls mit blasig aufgetriebenen Blättern. Die Butterkohl-Köpfe schließen sich nicht vollständig, sie bleiben locker, die Blattfarbe ist hellgrün. Wahrscheinlich handelt es sich um einen Züchtungsvorläufer.

Ansprüche: Die Ansprüche an Temperatur, Licht, Feuchtigkeit, Boden und Nährstoffe sind dieselben wie die des Weiß- und Rotkohls.

Sorten:

- Wirsing: Frühe Sorten sind 'Vorbote' und 'Praeco'.
  Eine Sommersorte ist 'Marner Grünkopf'.
  Herbstsorten sind 'Hammer' und 'Vertus'.
  Wintersorten (auch zur Ernte im Winter) sind 'Winterfürst' und 'Dauerwirsing'.
  Adventwirsing ('Fischenicher oder Endenicher Advent') setzt man im Oktober 25 x 50 cm und erntet im April/Mai.
- Butterkohl: 'Sperling's Mont d'Or' und 'Gelber Selbstschließender'.

Pflanzung und Pflege: Bei Butterkohl erfolgt die Aussaat auf das Freiland-Anzuchtbeet Anfang Juli, gepflanzt wird Anfang August im Abstand von 40 x 40 cm. Ab Ende September bis in den Winter hinein ist die Ernte möglich. Butterkohl ist eine Nachkultur, die z. B. nach Sommersalat, Buschbohnen oder Erbsen gute Erträge bringt.

Die Kulturmaßnahmen für den Wirsing sind dieselben wie bei Weiß- und Rotkohl, wir können uns also hier über die Fruchtfolgeprobleme unterhalten.

Keine Kohlart darf man nach sich selbst anbauen, auch nicht z.B. Kohlrabi nach Blumenkohl o.ä., weil sich dann die Erreger spezieller Kohlkrankheiten und -Schädlinge, z.B. die der Kohlhernie, im Boden ansammeln und unsere Bemühungen zum Scheitern verurteilen. Wir haben schon ausführlich darüber gesprochen. Auch der Boden wird durch die stark nährstoffzehrenden Kohlarten recht ausgeräubert und braucht im Anschluß daran Erholung. Frühkohlsorten und Kohlrabi sind meist Vorfrüchte, Sommer- und Spätsorten Hauptfrüchte. Die beste Vorfrucht für die Kohlarten sind die stickstoffsammelnden Hülsenfrüchtler. Auch Mischkultur ist möglich, nämlich frühe Kohlarten zwischen Spinat, Kopfsalat und Rettich, späte zwischen Kartoffeln.

Ernte und Aufbewahrung: Die Wirsingernte kann so wie die des Weiß- und Rotkohls erfolgen, Adventswirsing bleibt über Winter auf dem Feld, Wintersorten können auf dem Feld wie auch im Lagerraum gehalten werden.

Bei Butterkohl kann schon früh im Pflanzenleben mit der Ernte begonnen werden, weil das Schließen der Köpfe ja nicht abgewartet werden muß. Butterkohl wird ähnlich wie Wirsing zubereitet und schmeckt ausgezeichnet zu Lamm- und Hammelfleisch.

Kohlrabi

Brassica oleracea var. gongylodes

Allgemeines: Der Kohlrabi ist ein im oberen Teil verdickter Kohlstengel oder -strunk; beim Markstammkohl, einem Zwischenglied, kann man diese Entwicklung verfolgen. Die Römer hatten einen 'Pompejanischen Kohl', dessen unten dünner Stengel erst zwischen den Blättern dick wurde.

Die Knolle kann verschiedene Formen und Farben haben: rund, plattrund oder oval, hell- oder dunkelgrün oder violettblau. Setzt man Kohlrabi zu eng, werden die Knollen länglich, auch bei Lichtmangel kann das passieren.

Die Kohlrabiknollen sind also Sproßknollen, die ebenfalls auf einer Hemmung der Internodien-(Blattzwischenraum)-Entwicklung beruhen, gleichzeitig verdickt sich dabei der Sproß, d.h. der Markkörper wird verdickt, die Holzbildung beschränkt sich auf den Stiel unterhalb der Knolle. Das „Holzigwerden" der Knolle ist in Wirklichkeit eine Überalterung, die Leitbündel bilden mit zunehmendem Alter verstärkt Scheiden aus verholzten Sklerenchymzellen (Festigungszellen) aus.

Ansprüche: Über dieses Problem wurde schon ausführlich bei Weiß- und Rotkohl berichtet.

Spitzkohl (1)

Rotkohl (2)

Butterkohl (3)

Blumenkohl (4)

Brokkoli (5)

Grünkohl (6)

Chinakohl (7)

Pak Choi (8)

Mairüben (9)

Meerrettich (10)

Sorten:

- Früh: ‘Blaro’ (früher ‘Roggli’s blauer Treib- und Freiland’), ‘Trero’ (früher weißer ‘Roggli’s Freiland’), ‘Azur Star’ (blau), ‘Primavera’ (weiß). Alle Sorten sind schoßfest.
- Sommer: ‘Lanro’, ‘Delikateß weiß’ und ‘Delikateß blau’.
  Die Knollen der Sorte ‘Superschmelz’ werden bis zu 8 kg schwer und bleiben dabei zart. Sie haben große Blätter und sind schoßfest, die großen Knollen bilden sich sehr schnell. Saat März, Pflanzung April/Mai, Standweite 60 x 60 cm.
  ‘Blusta’ ist ein blauer Ganzjahreskohlrabi (früh, Sommer, Herbst) mit zarten Knollen. Letzte Aussaat 15. Juli.
- Herbst: ‘Blauer Speck’, ‘Lanro’.

Pflanzung und Pflege: Wenn bei der Kohlrabi-Jungpflanzenanzucht oder während der Kultur tiefere Temperaturen vorkommen, die durchaus noch über dem Gefrierpunkt liegen können, dann ist das ein Kälteschock für die Pflanzen, sie schießen in Samen. Es wurden nun spezielle, schoßfeste Sorten entwickelt, dazu gehören alle hier unter „früh“ genannten Züchtungen.

Das Platzen der Kohlrabiknollen kommt von Temperatur- und gleichzeitigen Feuchtigkeitsschwankungen. Auch Feuchtigkeitsschwankungen allein können zum Platzen führen.

Kohlrabi haben eine kurze Kulturzeit, sie brauchen nicht viel Platz, sie sind auch keine Kurz- oder Langtagspflanzen, also können wir die Gemüseart das ganze Jahr über anbauen, vom frühesten Frühling bis in den Spätsommer hinein. Am besten, Sie pflanzen alle vier Wochen einen neuen Satz. Nur die richtigen Sorten muß man wählen.

Der Standraum ist bei Frühkohlrabi 25 x 25 cm, bei Sommer- und Herbstkohlrabi 30 x 30 cm. Allein die Riesensorte ‘Superschmelz’ braucht 60 x 60 cm.

Setzen Sie nicht zu tief, die Knolle sollte nicht auf dem Boden aufliegen, an dieser Stelle verfärbt sie sich dann unschön, ja sie beginnt zu faulen.

Auch Kohlrabi brauchen als Mitglieder der großen Kohlfamilie eine reichliche Düngung, also Stallmist im Herbst und/oder Kompost im Frühjahr. Die gesamte mineralische Düngergabe ist ca. 90 g/m^2 Blauvolldünger, davon 70 g/m^2 als Grunddüngung vor der Pflanzung und 20 g/m^2 als Kopfdüngung während der Knollenbildung.

Wie das Frühkraut gedeihen auch frühe Kohlrabi sehr gut unter Vlies und Folie, auch unter Folientunneln und -zelten. Sehr gut kann man diese Gemüseart als Mischkultur anbauen, z.B. zwischen Gurken, Tomaten etc.

Die Jungpflanzenbeschaffung läuft ab wie die der Kopfkohlarten, die frühen Sorten werden Sie sich auf dem Markt etc. besorgen, wenn kein eigenes Gewächshaus zur Verfügung steht, die späteren Sorten ziehen Sie auf dem Freiland-Anzuchtbeet selbst vor. Auch Saat an Ort und Stelle ist möglich, am besten Stufensaat 30 x 30 cm. Wässern Sie reichlich und regelmäßig, sonst platzen die Knollen!

Ernte und Aufbewahrung: Kohlrabi schneidet man nach Bedarf, sie halten sich auch einige Tage im Kühlschrank. Frühkohlrabi kann man kochfertig geschnitten einfrieren. Herbstkohlrabi lassen sich wie die späten Kopfkohlarten im Winterlager aufbewahren. Manche Leute machen Kohlrabi in Dosen und Gläsern mittels Dampf haltbar.

Blumenkohl und Brokkoli

Brassica oleracea var. botrytis - Brassica oleracea var. italica

Allgemeines: Hier ist die wahrscheinliche Stammform Brassica cretica aus der Ägäis. Es handelt sich beim Blumenkohl um eine Stauchung der Blütenstandsachse, nicht um eine Umbildung des Stengels. Die Blütenstandsachse und sämtliche an ihr entstehenden Ästchen verdicken sich gleichzeitig sehr stark, die Triebspitzen haben alle eine gemeinsame Oberfläche, dadurch kommt die sogenannte „Blume“ zustande. Die kleinen Blütenstandsäste sind die „Rosen“, die in der Blume kleine Hügel bilden. Dichte und Wölbung der Blume sind bei den Sorten sehr unterschiedlich, Blätter sollten nicht durch die kompakte Blumenmasse wachsen. Die wirklichen Blüten entwickeln sich dann am Rande der weißen Fläche, aber schon im ersten Wachstumsjahr, nicht im zweiten wie bei den anderen Kohlarten. Weil beim Blumenkohl der gesamte Blütenstand eine derartige Mißbildung ist, befinden sich nur wenige fruchtbare Blüten an einer „Blume“.

Brokkoli und Spargelkohl sind die Vorläufer des Blumenkohls, sie besitzen eine lockere bzw. überhaupt keine Blume. Beim Spargelkohl, heute vielfach als Brokkoli bezeichnet, haben wir es mit einer Sproßachse zu tun, die manchmal verzweigt ist und in einer recht kleinen Blume endet. Die neueren Sorten weisen aber vielfach die Tendenz zum Blumenkohl auf, die Farbe der Blume ist aber grün, nicht weiß.

Blumenkohl ist leicht verdaulich, er eignet sich zur Diätkost.

Ansprüche: Blumenkohl und Brokkoli haben dieselben Ansprüche wie alle Kohlarten, beide reagieren jedoch wesentlich empfindlicher und Bedingungen, die ihnen nicht zusagen, wirken sich viel katastrophaler aus. Besonders zur Zeit der Blumenbildung darf es keinesfalls an Wasser oder an Nährstoffen fehlen.

Sorten:

- Blumenkohl: Frühsorten sind 'Erfurter Zwerg' und 'Mechelner Selektionen'.
  Sommersorten sind 'Alpha Selektion', 'Celesta' und 'Fortuna'.
  Zu den Herbstsorten zählt 'Flora Blanca'.
- Brokkoli bzw. Spargelkohl-Sorten sind 'Sperling's Sparko', 'Atlantik' und 'Calabrese'. Die F_1-Hybridsorten 'Corvet' und 'Premier' haben gestauchte Blütenstandsachsen und einen Blütendurchmesser von 20 cm.

Pflanzung und Pflege: Ins Freiland wird der erste Blumenkohl Anfang bis Mitte April gepflanzt, die Sommersorten setzt man Mitte Mai bis Anfang Juni, der Herbstblumenkohl kommt Mitte bis Ende Juli auf das Beet. Sie sollten immer Jungpflanzen mit Topfballen verwenden, diese sind wesentlich widerstandsfähiger und bringen bessere Ernten als solche, die man nur pikiert hat. So wie bei den übrigen Kohlarten werden Sie sich Frühsorten-Setzlinge vom Fachmann besorgen, Pflanzgut für die späteren Sätze können Sie selbst heranziehen, die Jungpflanzen-Anzuchtzeit beträgt vier bis fünf Wochen. Spätsorten lassen sich auch auf dem Freilandbeet vorkultivieren, ohne pikieren oder eintopfen, doch eine sorgfältig vorkultivierte Jungpflanze bringt bessere Ernten. Zu diesem Zweck düngen wir die Setzlinge während der Vorkultur zweimal flüssig, davon einmal kurz vor dem Pflanzen mit einem flüssigen oder leichtlöslichen Volldünger.

Die Standweite beträgt 50 x 50 cm bis 50 x 65 cm bei den Herbstsorten. Vor der Pflanzung haben wir schon im Herbst das Beet reichlich mit Stallmist versorgt, der untergegraben wurde. Ist der Boden leicht, kann im Frühjahr noch zusätzlich Kompost gegeben werden, der oben auf dem Boden liegenbleibt. Natürlich richtet sich Menge und Art der organischen Düngung nach den örtlichen Gegebenheiten, doch eine organische Düngergabe ist für Blumenkohl unumgänglich. Zusätzlich müssen wir mineralisch düngen und zwar insgesamt eine Menge von 150 g/m^2 eines Blauvolldüngers, in regenreichen Sommern kommen noch 20 g/m^2 eines Stickstoffdüngers hinzu, z.B. Kalksalpeter oder Kalkammonsalpeter. Diese Düngermengen teilt man folgendermaßen auf:

- 80 g/m^2 Blauvolldünger als Grunddüngung vor dem Pflanzen,
- 40 g/m^2 Blauvolldünger als erste Kopfdüngung drei Wochen nach dem Pflanzen,
- 30 g/m^2 Blauvolldünger als zweite Kopfdüngung, wenn die Blumen sich anfangen zu bilden und eventuell
- 20 g/m^2 Stickstoffdünger während der Blumenbildung nach starkem Regen.

Füttern Sie die Blumenkohl-Pflanzen, also streuen Sie nicht breit über das Beet, sondern im Kreis um jede Pflanze, und wässern Sie den Dünger in den Boden ein. Überhaupt ist es wichtig, daß der Blumenkohl ständig genügend Wasser zur Verfügung hat, man muß viel hacken und auch häufeln, besonders nach langen Regenperioden. Hat die Blume den Durchmesser von etwa 10 cm erreicht, knickt man einige Laubblätter darüber, damit sie schön weiß bleibt. Nicht zuletzt deswegen müssen wir das Blumenkohlbeet ständig kontrollieren.

Brokkoli-Jungpflanzen werden Sie schwer auf dem Markt finden, die Jungpflanzenanzucht ist jedoch einfach. Säen Sie im April entweder ins Frühbeet oder auf ein gut vorbereitetes Freilandbeet. Säen Sie locker und breitwürfig, Sie brauchen dann nicht zu pikieren, man pflanzt Ende Mai 40 x 50 cm auf das Kulturbeet. Brokkoli braucht wie alle Kohlarten eine Stallmistgabe im Herbst oder Kompost im Frühjahr. Die mineralische Grunddüngung sollte 70 g/m^2 Blauvolldünger sein, die Kopfdüngung drei Wochen nach dem Pflanzen 50 g/m^2 Blauvolldünger. Während der ganzen Kulturzeit braucht der Spargelkohl reichlich Wasser.

Ernte und Aufbewahrung: Man erntet Blumenkohl, wenn die Blumen ausgewachsen sind, die Blätter sich aber noch darüber schließen. Einige Tage halten sich die Blumen im Kühlschrank, in einzelne Röschen zerteilt kann man sie einfrieren, 12 Monate lang lassen sie sich in der Tiefkühltruhe aufbewahren.

Blumenkohlröschen sind Bestandteil von Sauergemüse (Mixed pickles), sie lassen sich auch mittels Dampf haltbar machen.

Überraschen stärkere Fröste die letzte Herbstkultur, nimmt man die Pflanzen samt Wurzel aus dem Boden und schlägt sie im Überwinterungsraum ein. Erst halbfertige Blumen gelangen so noch zur Reife.

Man erntet den Hauptsproß vom Brokkoli, wenn er 10 bis 20 cm lang geworden ist. Auf keinen Fall dürfen sich schon zu diesem Zeitpunkt die Blüten geöffnet haben, sonst sind die Stiele hart geworden und schmecken bitter. Die Seitentriebe schneiden Sie mit der gleichen Länge, je öfter Sie ernten, desto mehr Triebe kommen nach. Empfindliche Leute schälen die Stangen, ehe sie ähnlich wie Spargel oder wie Blumenkohl zubereitet werden. Sie halten sich einige Tage im Kühlschrank, 12 Monate im Tiefkühlgerät.

Rosenkohl

Brassica oleracea var. gemmifera

Allgemeines: Die Röschen des Rosenkohls sind überdimensional entwickelte Blattachselknospen der unteren Blätter. Es sind „kleine Krautköpfe". Im zweiten Vegetationsjahr brechen aus ihnen und aus dem Blattschopf am Gipfel der Pflanze die Blütentriebe hervor. Der Strunk kann bis zu 1 m lang werden. Rosenkohl ist aus dem Wirsing entstanden und zwar erst Ende des 18. Jahrhunderts.

Ansprüche: Die üblichen Kohl-Ansprüche bestehen auch hier, doch der Rosenkohl ist im Gegensatz zum Blumenkohl recht unempfindlich, nicht jeder Kulturfehler wirkt sich so gravierend aus. Außerdem ist er frostresistent.

Sorten: 'Hild's Ideal' ist eine alte, gute, ertragreiche Sorte.
'Citadel F_1' ist mittelfrüh, halbhoch, die Rosen sind tiefgrün und fest und lange haltbar. Die Ernte kann mehrmals erfolgen.
'Abunda' ist spät, starkwüchsig, mit großen, festen Rosen.

Pflanzung und Pflege: Man setzt Rosenkohl Ende Mai bis Anfang Juni, die Jungpflanzenanzucht kann man selbst durchführen, ein Freiland-Anzuchtbeet genügt dafür (siehe Spätkraut). Wir säen Anfang bis Ende April. Die Pflanzweite ist 50 x 60 cm. Setzen wir zu eng, faulen die Rosen, bei zu großer Standweite werden sie zu aufgebläht und flattrig.

Auch Rosenkohl liebt einen humusreichen Boden, die letzte organische Düngung sollte deshalb nicht zu lange zurückliegen. Als mineralische Düngung geben wir insgesamt 120 g/m² Blauvolldünger und eventuell zusätzlich 20 g/m^2 eines Stickstoffdüngers, und zwar

- 80 g/m^2 eines Blauvolldüngers als Grunddüngung vor der Pflanzung und
- 40 g/m^2 eines Blauvolldüngers als erste Kopfdüngung vier Wochen nach der Pflanzung.

Regnet es im Herbst viel und die Pflanzen sehen verhungert und gelb aus, geben wir 20 g/m^2 Kalksalpeter oder Kalkammonsalpeter als zweite Kopfdüngung.

Rosenkohl ist eine Nachkultur, z.B. nach Spinat, Feldsalat oder Kopfsalat. Die Gemüseart läßt sich auch als Mischkultur anbauen, z.B. zwischen Gurken oder Frühkartoffeln.

Natürlich müssen wir den Rosenkohl im Sommer bei Trockenheit kräftig gießen, hacken ist wohl schon selbstverständlich. Sind Mitte September noch keine Röschen zu sehen, muß man entspitzen, d.h. oben an der Pflanze den Vegetationspunkt ausbrechen.

Ernte und Aufbewahrung: Wir ernten nach Bedarf. Obwohl Rosenkohl als frosthart gilt, kann es vorkommen, daß die Röschen bei starken Temperaturschwankungen erfrieren. Wir graben daher im Spätherbst die am besten mit Röschen besetzten Pflanzen aus, schlagen sie an der Nordseite eines Gebäudes ein und decken sie mit Reisig ab. Rosenkohl hält sich im Kühlschrank einige Tage, im Tiefgefriergerät ein Jahr. Auch mittels Dampf läßt sich Rosenkohl haltbar machen.

Grünkohl

Brassica oleracea var. sabellica

Allgemeines: Der Krauskohl, der gefranste Grün- oder Braunkohl ist ein Blätterkohl. Er steht der Stammform Brassica oleracea var. silvestris noch recht nahe.

Grünkohl ist frosthart; nicht nur das, wenn die Blätter frieren und anschließend auftauen, bildet sich aus der vorhandenen Stärke Zucker, was den Wohlgeschmack dieses Gemüses erst richtig ausmacht.

Ansprüche: Grünkohl ist robust und wenig anspruchsvoll, doch auch er benötigt reichlich Nährstoffe und Wasser. Allerdings ist der Lichtbedarf nicht so hoch, Grünkohl gedeiht auch im Halbschatten.

Sorten: Wir kennen niedrige, mittelhohe und hohe Sorten. Niedrige sind im Winter durch den Schnee geschützt, sie besitzen eine kürzere Entwicklungszeit, aber sie verschmutzen auch am Boden leichter.

- Niedrig: 'Niedriger grüner Krauser' und 'Frosty'.
- Mittelhoch: 'Lerchenzungen', 'Halbhoher grüner Krauser' und 'Hammer'.
- Hoch: 'Hoher grüner Krauser'.

Pflanzung und Pflege: Man setzt Ende Juni bis Ende Juli, Standweite je nach Größe der Sorte 40 x 40 oder 50 x 50 cm. Die Jungpflanzenanzucht können wir auf einem Freilandbeet selbst durchführen (siehe Spätweißkohl). Kümmern die Jungpflanzen im Saatbeet, dann gießen wir sie kurz vor dem Setzen mit einem Volldünger. Sie sollten nur auf feuchtem Boden düngen und nach dem Dungguß mit klarem Wasser nachspülen. Die Aussaatzeit ist Ende Mai bis Ende Juni.

Als mineralische Düngung gibt man dem Grünkohl insgesamt 100 g/m^2 Blauvolldünger, und zwar

- 60 g/m^2 als Grunddüngung vor dem Pflanzen,
- 20 g/m^2 als erste Kopfdüngung vier Wochen nach dem Pflanzen,
- 20 g/m^2 als zweite Kopfdüngung acht Wochen nach dem Pflanzen.

Bei Trockenheit muß gewässert werden, und natürlich wird man das Hacken nicht vergessen. Auch Grünkohl ist eine ausgesprochene Nachkultur, Vorkulturen sind Frühkartoffeln, Frühmöhren, Kopfsalat, Erbsen. In Mischkultur kann der Grünkohl mit denselben Gemüsearten wie der Rosenkohl stehen.

Ernte und Aufbewahrung: Grünkohl wird ab Oktober laufend vom Beet geerntet, besondere Liebhaber, die die Gemüseart auch im Sommer essen wollen, frieren die Blätter ein (haltbar 12 Monate) oder machen sie mittels Dampf haltbar.

Chinakohl und Pak Choi

Brassica pekinensis und Brassica chinensis

Allgemeines: Der Pflanzenkörper enthält 90 % Wasser, die übrigen Bestandteile sind Eiweiß, Kohlehydrate, Mineralstoffe und Vitamine, besonders Vitamin C. Der Senfölgehalt ist hier gering, deshalb schmeckt der Chinakohl mild und ist gut bekömmlich.

Chinakohl (Brassica pekinensis) stammt aus Nordchina, Pak Choi (Brassica chinensis) ist im gesamten Ostasien zu Hause. Mit den nach den USA ausgewanderten Chinesen ist der Chinakohl dorthin gelangt. Erst im 20. Jahrhundert fand er Eingang in Europa und im deutschen Sprachraum. In den letzten Jahrzehnten hat dieses feine und wohlschmeckende Gemüse eine große Ausweitung erfahren, ein ausgiebiges, nicht zu teures Salatgemüse im Herbst und Spätherbst.

Ansprüche: Chinakohl braucht wie alle Kohlarten viel Wasser und viele Nährstoffe, der Boden sollte mittelschwer sein.

Sorten: Beim gängigen Chinakohl kennt man zwei Sortentypen:

– mit niedriger, breiter Kopfbildung, wie die Sorten 'Hongkong', 'Nippon' und 'Nagaoka King' und
– mit langen, schlanken Köpfen, wie die Sorten 'Granat' und 'Tokyo King'.

Besonders die Japaner züchten viele interessante Chinakohl-Sorten, deshalb wird diese Kohlart heute vielfach auch Japankohl genannt.

Um die Einführung von Pak Choi bemühen sich gegenwärtig die Holländer. Pak Choi bildet keine Köpfe, er ist ein sogenannter „Blätterkohl“. Man kennt auch hier lange und kurze Formen. Die Japaner haben Sorten gezüchtet, z.B. 'Canton Pak-Choi', die jedoch in Deutschland noch nicht zu haben sind.

Pflanzung und Pflege: Der Chinakohl ist eine stark ausgeprägte Kurztagspflanze, man kann ihn nicht im Frühjahr anbauen, wenn die Tage kurz sind, er schießt dann sofort in Blüte und Samen. Die Kultur ist hingegen eine wertvolle Nachfrucht, die bis zu $-5\,^{\circ}C$ auf dem Beet bleiben kann.

Man sät Mitte bis Ende Juli in 30 bis 40 cm Reihenabstand 1 bis 2 g Saatgut auf 10 m^2, direkt an Ort und Stelle. Bei dieser Methode bilden sich die schönsten Köpfe, auch macht es die wenigste Arbeit. Nach dem Auflaufen verzieht man auf 35 cm in der Reihe. Chinakohl wird im Jugendstadium – wie die meisten Kreuzblütler – sehr stark von Erdflöhen befallen. Sie müssen vorbeugend bekämpft werden, z. B. durch häufiges Gießen.

Man gibt vor der Saat 80 bis 100 g/m^2 Blauvolldünger als Grunddüngung. Wenn Sie die Kultur gut pflegen, ständig feucht und frei von Unkraut halten, können die Köpfe ausgesprochen groß werden.

Die Kultur des Pak Choi ist ähnlich; die Aussaat erfolgt ins Freiland von Mitte Juli bis spätestens 10. August. Standraum, Düngung und Bodenvorbereitung ist genauso wie beim Chinakohl.

Ernte und Aufbewahrung: Man kann die Pflanzen auf dem Beet lassen, bis Fröste unter −5 °C zu befürchten sind. Sollten Sie beim Einsetzen strengeren Frostes noch Chinakohl-Köpfe im Garten haben, nehmen Sie diese samt Wurzelballen aus dem Boden und schlagen Sie sie in einem frostfreien, kühlen und luftigen Raum in Sand oder Erde ein. Wenn Sie alle schlechten Blätter, Faulstellen etc. laufend entfernen, können Sie auf diese Weise bis Weihnachten selbstgeernteten Chinakohl auf den Tisch bringen. Im Kühlschrank halten sich die Köpfe über eine Woche, manchmal länger.

Von Pak Choi werden vor allen Dingen die breiten Blattrippen als Salat oder als gedünstetes Gemüse gegessen. Aus den Blattspreiten (den Blattfeldern) macht man Spinat.

Wurzelgemüse

Speiserüben

Brassica rapa var. rapa

Allgemeines: Eigentlich gehörten diese Rüben zu den Kohlgemüsen, doch weil es Rüben sind, wollen wir sie zu den Wurzelgemüsen zählen.

Der Rüben-Kohl, die Rübsen, werden seit der Steinzeit vom Menschen kultiviert, die Wurzel, das Hypokotyl (Zwischenglied zwischen Sproß und Wurzel) und die untersten Stengelzwischenräume sind fleischig angeschwollen (spindelförmig bis kugelig) und eßbar.

Die Stammpflanze ist Brassica campestris, ein in Europa, Westasien und Nordafrika verbreitetes Unkraut. Zuerst hat man aus den Samen Öl gewonnen, erst dann wurden die Menschen auf die Wurzeln aufmerksam und haben sie „hochgezüchtet". Es handelt sich um eine zweijährige Pflanze, im ersten Jahr entwickelt sich die Rübe und auf ihr eine Blattrosette, im zweiten Jahr Blüten und Samen. Die Blätter sind grasgrün, niemals blau bereift wie die der Kohlrübe.

Natürlich kannten Römer und Griechen diese Wurzelgemüseart, im Mittelalter war sie verbreiteter als jetzt, man kannte ja die Kartoffel noch nicht.

Ansprüche: Die Speiserübe ist weniger anspruchsvoll als die übrigen Kohlarten, sie ist frosthart, braucht nicht soviel Feuchtigkeit und auch nicht soviel Nährstoffe. Der Boden sollte ein sandiger Lehm sein.

Sorten: Es gibt zahlreiche Unterarten, deren Einteilung für den Anbau wichtig ist.

– Mairüben:

'Schneeball' bildet eine kugelrund, weißfleischige Rübe.

'Tokyo Cross F_1' ist eine sehr frühe, reinweiße, runde und sehr gut schmeckende Rübe. Die Ernte erfolgt 30 Tage nach der Aussaat mit einem Durchmesser von 5 cm. Läßt man die Rüben auf dem Beet stehen, wachsen sie weiter bis zu einem Durchmesser von 12 cm bei gleichbleibender hervorragender Qualität.

'Goldball' bildet eine runde, goldgelbe Rübe.

- Zwerg-Speiserüben (Teltower Rübchen):
  'Teltower kleine Märkische' hat ovalspitze, kleine, weiß-gelbliche Rübchen.
- Stielmus, Rübstiel:
  'Stielmus Namenia' ist ein besonders wohlschmeckendes Blattstielgemüse, Blattfarbe grün. Sät man dicht, entwickelt sich Blattstielgemüse, vereinzelt man auf ca. 25 x 25 cm, wachsen Pflanzen ähnlich der Winterendivie.
  'Mairübstiel' ist früh und schnellwüchsig, kann unter Glas und im Freiland gezogen werden.
  Stielmus kann man von allen Mairübensorten mit aufrechtstehendem Laub heranziehen, auch vom Chinakohl, die entsprechende Sorte heißt dann 'Gelbes Stielmus'.

Pflanzung und Pflege: Die Speiserübe läßt sich nicht verpflanzen und muß deshalb an Ort und Stelle ausgesät werden. Die Saattiefe beträgt höchstens 2 cm, die Reihenentfernung bei Mairüben 20 cm, bei Teltower Rübchen 15 cm und bei Rübstiel 12 cm. Man vereinzelt Mairüben in der Reihe auf 20 cm, Teltower Rübchen auf 8 cm und Stielmus überhaupt nicht. Der Saatgutbedarf beträgt bei Mairüben 1 bis 2 g/m^2 und bei Teltower Rübchen 2 bis 3 g/m^2.

Der Aussaatzeitpunkt ist für Mairüben der März. Teltower Rübchen kann man über die ganze Vegetationsperiode hinweg säen, der Zeitpunkt ist austauschbar, die Entwicklungszeit beträgt lediglich neun Wochen. Auch das Stielmus kann zur beliebigen Zeit und beliebig oft gesät werden, hier ist die Entwicklungszeit noch wesentlich kürzer.

Eine organische Düngung ist nicht erforderlich, auch keine Kopfdüngung. Es wird lediglich eine Grunddüngung von 60 g/m^2 Blauvolldünger vor der Aussaat in den sorgfältig vorbereiteten Boden eingearbeitet.

Die Mairübe ist eine Vorfrucht, die spätestens im Juni geerntet wird. Natürlich darf man keine Kohlarten mit den Speiserüben kombinieren, auch nicht Rettich oder Radieschen (Krankheitsgefahr), aber sonst eignen sich fast alle Gemüsearten dazu.

Mairüben und Stielmus kann man in Frühbeeten und Gewächshäusern treiben, auch die Verfrühung mit Flachfolien oder Vlies oder der Anbau in Folientunneln ist möglich. Bei allen Treibeinrichtungen müssen Sie reichlich lüften und vorsichtig wässern, diese

Gemüsearten faulen leicht. Aus diesem Grunde darf man auch mit Stickstoffgaben nicht zu üppig sein.

Ernte und Aufbewahrung: Mairüben zieht man mit der Hand aus dem Boden und entfernt die Blätter bis auf die Herzblätter.

Teltower Rübchen, also die zartesten und feinsten, können bis November auf dem Beet bleiben, dann nimmt man sie heraus und köpft sie, man schneidet also auch das Herz ab, damit sie nicht wieder austreiben. Bilden sich an diesen Rübchen nämlich neue Blätter, leidet der Geschmack erheblich. In Sand eingeschlagen halten sich die Teltower Rübchen im frostfreien Überwinterungsraum recht gut.

Stielmus ist ein Stengel- bzw. Blattgemüse, man zieht die Pflanzen samt Wurzeln aus der Erde. Die Blätter kann man als Spinat zubereiten, die Stiele allein kochen und mit den verschiedensten Soßen würzen.

Bis auf Stielmus halten sich sämtliche Unterarten einige Tage im Kühlschrank, ihre Eignung für das Tiefkühlgerät müßte man ausprobieren.

Steckrübe, Kohlrübe

Brassica napus var. napobrassica

Allgemeines: Die Steck- oder Kohlrübe ist eine alte Kulturpflanze und wurde in Notzeiten, seien es persönliche oder solche, die das ganze Volk betrafen, verstärkt als Nahrungspflanze herangezogen.

Auch Kohlrüben gehören noch zu den Kohlgewächsen, sie besitzen keine Stammform, denn sie sind ein Bastard zwischen Kohl und Speiserübe, zwischen Brassica oleracea und Brassica rapa.

Schon die „alten Römer" kannten die Kohlrüben, und die Verwendung als Nahrungspflanze in Notzeiten hat auch eine alte Tradition: die Rübe wächst sehr schnell (drei Monate), sie schafft in kurzer Zeit große Nahrungsmengen, sie ist ertragreich, anspruchslos und im Winterlager gut haltbar. Keine andere Rübe kann das alles von sich behaupten. Neben Kartoffeln sind es diese Rüben, die viele Menschen in Notzeiten am Leben erhielten.

Auch hier sind Sproß, Hypokotyl (Zwischenglied zwischen Sproß und Wurzel) und die Wurzel an der Rübenbildung beteiligt. Die Wurzeln reichen nicht so tief wie die der anderen Rübengemüse (z.B. der Möhre) in den Boden, die Blätter sind bläulich bereift.

An Inhaltsstoffen sind ca. 90% Wasser, 1% Eiweiß, 0,2% Fett und 4% Kohlehydrate, zum größten Teil Zucker, enthalten. Gelbfleischige Sorten sind reicher an Nähr- und Aufbaustoffen als weißfleischige. Daneben sind noch die Vitamine B_1, B_2 und C sowie die Mineralstoffe Kalk, Phosphor und Eisen vorhanden.

Ansprüche: Steckrüben sind recht frostunempfindlich, bis −10°C halten sie unbeschadet aus. Dagegen brauchen sie wie alle Kohlarten viel Feuchtigkeit und viele Nährstoffe, sie gedeihen aber auf jedem Boden.

Sorten: 'Wilhelmsburger gelbe Grünköpfige' ist rund bis rundspitz und bringt viel Masse.

'Seefelder' ist rund, tiefgelb und grünköpfig, sie ist für Speise- und Futterzwecke geeignet.

Pflanzung und Pflege: Kohlrüben lassen sich im Gegensatz zur Speiserübe „stecken", also pflanzen, daher der Name 'Steckrübe'. Die Entwicklung geht recht schnell, drei Monate nach dem Setzen kann man ernten. Die Pflanzzeit für Kohlrüben dehnt sich von Mitte Mai bis Ende Juli. Jungpflanzen kann man auf dem Freiland-Saatbeet selbst vorziehen (siehe Spätweißkohl), auch diesen Jungpflanzen tut es gut, wenn man sie kurz vor dem Setzen flüssig düngt. Die Setzlinge brauchen sechs bis acht Wochen bis zur Pflanzreife. Der Pflanzabstand beträgt 50 x 40 cm.

Im Herbst gräbt man auf dem Kohlrübenbeet eine gute Gabe Stallmist unter, hat man keinen zur Verfügung, tut es auch Kompost im Frühjahr. Die mineralische Düngung beträgt insgesamt 150 g/m² Blauvolldünger, sie wird aufgeteilt in

- 80 g/m² als Grunddüngung vor dem Pflanzen,
- 40 g/m² als erste Kopfdüngung vier Wochen nach dem Setzen und
- 30 g/m² als zweite Kopfdüngung acht Wochen nach der Pflanzung.

Man muß die Kohlrüben so tief setzen wie sie vorher auf dem Saatbeet standen. Werden sie zu tief gepflanzt, beeinträchtigt das den Ertrag erheblich, bis zu einem Drittel kann er absinken. Auch zu hohes Setzen wirkt sich ertragsmindernd aus.

Während des Sommers wässern wir reichlich wie bei allen Kohlarten, hacken ist notwendig, anhäufeln nicht erforderlich.

Ernte und Aufbewahrung: Kohlrüben sind recht frosthart, also können wir uns mit der Ernte im Herbst Zeit lassen. Überwintert wird im frostfreien Überwinterungsraum, gefrorene Rüben sollten Sie nicht einwintern, man muß sie vorher langsam auftauen. Schon auf dem Beet hat man die Blätter entfernt, in Notzeiten sind sie Nahrung für den Menschen, sonst ein gutes Viehfutter, auch für Kaninchen.

Zum Schluß des ganzen Kohl-Kapitels möchte ich noch auf den Markstammkohl hinweisen. Er dient zwar nur als Viehfutter, doch setzt sich vielleicht der eine oder andere interessierte Gartenfreund einige Exemplare auf ein Beet, um in Natura zu betrachten, wie der Vorläufer des Kohlrabi aussieht.

Rettich und Radieschen
Raphanus sativus

Allgemeines: Raphanus sativus heißt der Rettich, er stammt wahrscheinlich vom mediterranen Raphanus maritimus und/oder R. rostratus ab oder einer Bastardierung der beiden Arten.

R. raphanistrum ssp. segetum ist der Ackerrettich oder Hederich, der sich schon in prähistorischer Zeit mit seinen zahlreichen Formen als Ackerunkraut in Mitteleuropa breitmachte. Er ist heutzutage Leitpflanze für gute Ackerböden.

Der Anbau des Rettichs ist schon mehrere Jahrtausende alt, alle klassischen Kulturvölker kannten diese Gemüseart, die Ägypter zeigten ihn auf ihren Wandgemälden. Das Radieschen dagegen ist erst im 16. Jahrhundert entstanden, eine recht „junge“ Gemüsepflanze also.

Die Entwicklung des Rettichs ging in zwei Richtungen: Verbesserung der Rüben zur menschlichen Ernährung und Verbesserung der Samen für die Ölgewinnung. Es gibt ja heute noch einen Chinesischen Ölrettich.

Der Name Rettich kommt vom lateinischen radix = Wurzel, die Römer haben ja den Rettich nördlich der Alpen eingeführt. Im Mittelalter war er schon weit verbreitet, er ist ein Hausmittel bei Nieren- und Gallensteinen, bei Rheuma ein Hautreizmittel. In der Homöopathie gibt es Tinktur und Wurzelsaft gegen Leber- und Galleerkrankungen und gegen Rheuma.

Der Rettichkörper besteht aus der verdickten Wurzel und dem verdickten Hypokotyl (Zwischenglied zwischen Sproß und Wurzel), das Radieschen nur aus dem verdickten Hypokotyl. Bei

Pflanzrettichen hat die Länge dieses Hypokotyls einen erheblichen Einfluß auf Form und Länge des späteren Rettichs und damit auch auf die Höhe des Ertrages. Denn die Länge des Hypokotyls der Jungpflanze beeinflußt Länge und Form des späteren Rettichs. Die Japaner haben Sorten gezüchtet, die ohne Verpflanzen bis zu 60 cm lange Formen bilden.

Rettich und Radieschen besitzen folgende Inhaltsstoffe:

Rettich		Radieschen
87 %	Wasser	93 %
3 %	Zucker	2 %
0,1 %	Fett	0,2 %
2 %	Eiweiß	1 %

An Mineralstoffen sind Kalk, Phosphor und Eisen vorhanden, an Vitaminen B_1, B_2 und C. Der Geschmack von Rettich und Radies wird durch ein Senföl verursacht, das Schwefel enthält. Der Senfölgehalt der Sorten ist verschieden.

Ansprüche: Rettiche und Radieschen brauchen viel Licht. Die günstigste Wachstumstemperatur liegt bei 12 bis 15 °C. Die Gemüsearten sind frostempfindlich, Fröste in der Jugendentwicklung bewirken, daß die Pflanzen in Samen gehen, also „schießen".

Der Boden muß humusreich, nicht zu schwer und wasserdurchlässig sein, Wasser- und Nährstoffbedarf halten sich in der Mitte. Radieschen sind salzempfindlich, man muß hier mit der Düngung vorsichtig sein.

Sorten: Wir kennen Frührettiche, Sommerrettiche und Herbstrettiche. Rettich und Radieschen sind Langtagspflanzen. Sie schossen, wenn die Tageslänge über 15 Stunden steigt. Bei den langen japanischen Sorten liegt die kritische Tageslänge schon bei 12 Stunden, man sät sie deshalb im Juli, der späteste Termin ist der 15. August, damit die Rettichentwicklung in die kürzeren Frühherbsttage fällt.

– Rettich:

Frührettich (Saat März-Mai, auch unter Glas und Folie):
'Rex', 'Hild's Neckarruhm' (weiß und rot) 20 x 20 cm,
'Ostergruß rosa', 12 x 15 cm,
'Schifferstädter Mai', 12 x 15 cm,
'Münchner weißer Treib und Setz' (Pflanzrettich), 20 x 25 cm.
Sommerrettich (Saat Mai bis Juli):
'April Cross F_1', weiß und mild, 40 x 30 cm,

'Halblanger weißer Sommer', 20 x 25 cm,
'Mainkrone', 20 x 25 cm.
Herbstrettich (Saat Juli/August):
'Minowase Summer Cross', sehr milder Geschmack, 40 x 30 cm,
'Runder schwarzer', 20 x 25 cm,
'Münchner Bier', 25 x 25 cm.

– Radieschen:
Im Frühbeet und unter Folie:
'Saxa Treib', 'Rota' und 'Neckarperle'.
Frühsommer:
'Cherry Belle' und 'Eiszapfen'.
Sommer:
'Champion', 'Riesenbutter', 'Stoplite' und 'Sora'.

Pflanzung und Pflege: Über Saattermin und Saatentfernung der verschiedenen Rettichsorten konnten Sie schon in den vorhergehenden Abschnitten lesen. Die ersten Radies sät man, sobald der Boden im Frühjahr zu bearbeiten ist, meist gleichzeitig in Frühbeete, unter Folie oder Vlies und auch ins Freiland. Infolge der verschieden langen Entwicklungszeit entstehen dann satzweise Ernten. Frühsommer- und Sommer-Radieschensorten brauchen höchstens vier Wochen, bis sie erntefähig sind, ab Mai sind satzweise Aussaaten angebracht. Die Standweite beträgt bei Radieschen 6 x 8 cm.

Rettiche und Radieschen „stupft" man, d.h. die Saatstellen werden markiert und dann an jeder dieser Stellen zwei bis drei Samenkörner in den Boden gedrückt. Nach dem Auflaufen verzieht man auf eine Pflanze pro Saatstelle. Radieschensamen liegen höchstens 1 cm tief, sonst werden die Knöllchen länglich.

Für die bayerischen Pflanzrettiche zieht man Jungpflanzen vor, die sehr schnell keimen und wachsen (Schale auf dem Fensterbrett, 22 °C), die Anzucht dauert ca. 10 Tage, das Hypokotyl sollte zur Pflanzzeit 5 bis 6 cm lang sein.

Rettich und Radieschen brauchen keinen Stallmist, zu schweren Boden kann man mit Kompost durchlässiger machen. Die mineralische Grunddüngung ist bei Rettichen 60 g/m^2 Blauvolldünger, die Kopfdüngung vor Bestandesschluß 20 g/m^2 Kalkammonsalpeter. Radieschen brauchen nur eine Grunddüngung von höchstens 30 g/m^2 Blauvolldünger.

Die beiden Gemüsearten sind Kreuzblütler, man darf sie also keinesfalls nach sich selbst oder nach Kohlarten anbauen (Krankheitsgefahr!). Sie sind Vor- oder Nachfrüchte auf unseren Gemüsebeeten, vor allen Dingen aber sind sie Zwischenfrüchte zwischen den verschiedensten Gemüsearten. Praktisch läßt sich jedes freie Plätzchen mit Radieschen oder Rettichen nutzen.

Die Frühsommersorten werden leicht pelzig. Auch bei der Platzfestigkeit bestehen Sortenunterschiede, doch ist vor allen Dingen hier die gleichmäßige Wasserversorgung von Bedeutung. Während der Knollenbildung braucht der Rettich am meisten Wasser.

Die hauptsächlichste Krankheit ist die Rettichschwärze, die durch vom Boden her eindringende Pilze verursacht wird. Man kann sie nur durch weitgestellte Fruchtfolge und durch sauer wirkende Düngemittel, z.B. schwefelsaures Ammoniak, bekämpfen. Auch eine gute Kaliversorgung des Bodens behindert die Pilze. Kranke Rettiche müssen in die Mülltonne.

Die Rettichfliege ist das gleiche Tier wie die Kohlfliege, sie legt ihre Eier an die Pflanzen, die Maden dringen in die Rettiche ein und beginnen zu fressen. Es gibt „wurmige" Rettichwurzeln. Vernünftig wäre es, stark befallene Pflanzen in die Mülltonne zu werfen und weniger stark mitgenommene auszuschneiden und zu essen. Bei Rettich und Radies haben sich die Insekten-Schutznetze besonders bewährt.

Ernte und Aufbewahrung: Rettiche erntet man, wenn die Knolle oben mindestens 6 cm Durchmesser hat, Radieschen sollten 2 cm dick sein. Lassen Sie die Gemüsearten nicht zu lange auf dem Beet, sie fangen sonst an zu blühen und werden hohl und pelzig. Im Kühlschrank halten sich die Arten einige Tage, Winterrettiche kann man im Lagerraum aufheben.

Meerrettich

Armoracia rusticana

Allgemeines: Auch der Meerrettich ist ein Kreuzblütler, wie alle anderen Arten vorher, auch er enthält ein schwefelhaltiges Allylsenföl als hauptsächlichen Geschmacksbildner.

Der Meerrettich kommt aus Südosteuropa und den angrenzenden Teilen von Westasien, er lebt „wild" an Flußufern und Küsten. Die Slawen haben im Mittelalter begonnen, die Pflanze in Kultur zu nehmen, und von Osten nach Westen ist die Gemüseart in Mitteleuropa eingewandert, nicht von Süden nach Norden wie viele andere Kulturpflanzen, die mit den Römern kamen. Der slawische Name Chren = Kren ist vielerorts auch bei uns lebendig.

Der Meerrettich ist eine ausdauernde Pflanze mit rübenförmigen Wurzeln, sie dienen als Gemüse. Inhaltsstoffe: 77 % Wasser, 3 % Eiweiß, 0,4 % Fett, 17 % Kohlehydrate, die schon oben genannten Senfölglykoside, die ein scharfes, auf der Haut blasenziehendes, schwefelhaltiges, farbloses Öl (Meerrettichöl), das Allylsenföl, liefern. Es ist ein Heilmittel bei träger Verdauung, Verschleimung, Skorbut, Wassersucht, Rheuma, Gicht, Nieren- und Gallensteinen, es wirkt appetitanregend.

Ansprüche: Der Meerrettich ist eine Uferpflanze, er mag nebelfeuchte Lagen, an Licht und Wärme stellt er wenig Ansprüche. Der Boden muß tiefgründig, feucht, humos und leicht, also ein lehmiger Sand sein, reine Sand- oder Lehmböden sind ungeeignet. Reichliche Nährstoffzufuhr ist nötig.

Sorten: Meerrettichfechser erhalten Sie in jeder Samenhandlung. Sorten wurden von dieser Gemüseart noch nicht gezüchtet.

Pflanzung und Pflege: Die Vermehrung erfolgt hier rein vegetativ, d.h. durch Auspflanzen der sogenannten 'Fechser', das sind die dünnen Seiten- und Fußwurzeln der Meerrettichstangen und die zu dünnen Stangen selbst.

Im Herbst erhält das Beet eine gute Stallmistgabe, auch den Boden muß man tief bearbeiten. Vor der Pflanzung gibt man eine mineralische Grunddüngung von 40 g/m² Blauvolldünger, die Kopfdüngung in derselben Menge und Düngerart folgt dann im Frühsommer.

Man legt die 30 bis 40 cm langen Fechser im April 60 x 50 cm schräg in den Boden, das Kopfende 5 cm, das Wurzelende 10 cm tief. Vorher hat man diese Pflanzstangen sorgfältig mit einem Tuch abgerieben – wobei das obere und untere Ende geschont werden müssen, daß sich Wurzeln und Blätter bilden können – damit keine Seitenwurzeln entstehen. Nach ca. vier Wochen kommen die Blätter heraus.

Ende Juli/Anfang August legen wir die Fechser vorsichtig frei, die Blätter und Wurzeln am unteren Ende dürfen dabei auf keinen Fall abgerissen werden, die Pflanze bleibt im Boden verankert. Man muß aber jetzt wieder mit einem Lappen die Fechser abreiben und sämtliche Seitenwurzeln wegschneiden. Danach bedecken wir die

Meerrettiche wieder mit Erde und gießen reichlich. Die Ernte beginnt im Oktober/November. Mit dieser etwas umständlichen Methode erhalten Sie garantiert einwandfreie, gerade, feste Meerrettichstangen.

Im Hausgarten wird es nicht nötig sein, derart diffizil zu arbeiten. Wir legen im Frühjahr einige Fechser in den wie oben beschrieben bearbeiteten und mit Nährstoffen angereicherten Boden, im zweiten Herbst danach kann man einen Teil der Wurzeln ernten, die verbliebenen Meerrettichwurzeln wachsen weiter und liefern im nächsten Jahr eine neue Ernte. Inhaltsstoffe und Geschmack sind dieselben wie die der Stangen, diese sind ja nur eine Frage der Schönheit.

Ernte und Aufbewahrung: Ende Oktober/Anfang November ist das Laub abgestorben, dann beginnt die Ernte. Hat man Fechser herangezogen, nimmt man nun die Stangen aus dem Boden und schlägt sie frostfrei ein, die dünneren Anhängsel bilden die Fechser für nächstes Jahr. Damit sie im nächsten Frühjahr nicht verkehrt in die Erde kommen, kennzeichnet man das untere Ende mit einem Schrägschnitt. Dann legt man sie über den Winter in eine Sandkiste, die man kühl und frostfrei hält.

Von den „wilden großen" Meerrettichstauden erntet man wie oben beschrieben einen Teil der Wurzeln und füllt das Loch mit Erde wieder zu. Über Winter wird eine Bodendecke mit Stallmist oder Kompost den Pflanzen recht guttun. Im nächsten Jahr kommt dann wieder die Grunddüngung, Kopfdüngung etc. Die geernteten Wurzeln schlägt man wie die Stangen frostfrei (z.B. im Überwinterungsraum) ein.

Rote Rübe, Rote Bete

Beta vulgaris

Allgemeines: Die Stammpflanze der Kulturart ist Beta vulgaris ssp. maritima, in den Strandwall-Gesellschaften des östlichen Mittelmeergebietes und Vorderasiens zu Hause. Es ist eine sehr formenreiche Pflanze, die dem Menschen zur Ernährung dient, seit er auf dieser Welt lebt. Wildbete oder Seemannsgold heißt die Ursprungspflanze, weil sie mit ihrem hohe Vitamin-C-Gehalt die Seefahrer von Urzeiten an vor dem Skorbut rettete. Im Verlauf der Jahrhunderte, ja der Jahrtausende, haben sich aus der Stammform die

Runkelrübe, die Zuckerrübe (diese erst im vorigen Jahrhundert), die Rote Rübe bzw. Rote Bete und der Mangold entwickelt. Griechen und Römer kannten schon die Roten Bete, in Mitteleuropa gewannen sie erst im 16. Jahrhundert an Bedeutung.

Rote Bete sind zweijährig, die Blüten treiben sie also erst in ihrem zweiten Lebensjahr. Die Wurzeln können rund oder langgestreckt sein, sie sind zum Teil das verdickte Hypokotyl, zum Teil die verdickte Wurzel der Pflanze. Rote Bete sind Tiefwurzler.

Der rote Farbstoff ist Anthocyan, je nach Sorte enthalten die Roten Rüben mehr oder weniger davon. Sonstige Inhaltstoffe sind 90 % Wasser, 1,4 % Eiweiß, 0,2 % Fett, Vitamine B_1, B_2 und C und die wichtigsten Mineralstoffe.

Ansprüche: Rote Rüben sind etwas kälteempfindlich, sie schossen, wenn in der Jugend tiefe Temperaturen einwirken. Der Lichtbedarf ist nicht extrem hoch, diese Gemüsekultur gedeiht auch im Halbschatten. Selbst an die Bodenqualität werden keine großen Ansprüche gestellt. Ausreichende, gleichmäßige Wasserversorgung ist dagegen notwendig, der Nährstoffbedarf hält sich in Grenzen.

Sorten: 'Ägyptische plattrunde' mit plattrunder Form und dunkelrotem Fleisch.

'Rote Kugel' ist kugelrund, schoßresistent und auch zur Pflanzung geeignet.

'Forono' ist halblang und walzenförmig, eine Verbesserung von 'Formanova', ertragreich.

Pflanzung und Pflege: Weil Rote Rüben schossen, wenn sie Frost bekommen, sät man den ersten Satz nicht vor Ende April. Der zweite Satz folgt Ende Juni, diese Rüben kommen nach der Ernte ins Winterlager. Man kann Rote Rüben auch pflanzen (das Beet ist dann nicht so lange von ihnen besetzt), und zwar den zweiten Satz Ende Juni. Die problemlose Jungpflanzenanzucht kann man auf dem Freiland-Anzuchtbeet selber durchführen, es gibt aber auch Setzlinge auf dem Markt zu kaufen. Sechs Wochen dauert durchschnittlich die Vorkultur, man muß sich also mit den Terminen einrichten. Zum Pflanzen sollte man nur Sorten mit runden Rüben verwenden, weil sich die Verletzung der Wurzel bei ihnen nicht auswirkt. Der Reihenabstand bei Särüben sollte 25 cm betragen, nach dem Auflaufen vereinzelt man auf 10 cm in der Reihe, 2 g/m^2 Saatgut werden benötigt. Pflanzrüben setzt man ähnlich: 25x10 cm.

Die Winter-Roten-Bete (Anbau im Juni) können nach Feldsalat,

Kopfsalat oder Früherbsen stehen, nicht nach Spinat. Dieser ist ein Gänsefußgewächs wie die Roten Bete, und das wirkt sich immer negativ aus. Als Nachkultur nach den frühen Roten Beten eignen sich Herbstsalat, Winterendivie, Kohlrabi und Grünkohl. Zwischen Roten Beten kann man Rettich kultivieren.

Eine organische Düngung ist für diese Gemüsekultur nicht notwendig, auch die mineralische Düngung hält sich in Grenzen, 30 g/m² Blauvollkorn als Grunddüngung vor dem Anbau, 30 g/m² desselben Düngers zu Beginn der Rübenbildung, wenn sich der Bestand schließt. Statt Blaukorn kann man auch Bor-Nitrophoskarot verwenden, besonders auf stark kalkhaltigen Böden, dort stellt sich nämlich leicht Bormangel ein.

Ernte und Aufbewahrung: Im August beginnt die Rote-Bete-Ernte für den Direktverbrauch. Zum Einlagern erntet man die im Juni angebauten Rüben im Oktober/November, sie sollten keinerlei Verletzung der Schale aufweisen, auch waschen darf man sie auf keinen Fall. Sonst wird die Schale grau und die verletzten Stellen fangen an zu faulen. Das Laub drehen wir ab. Im Überwinterungsraum muß man die Roten Bete immer einschlagen, sie halten sich so länger frisch.

Möhre

Daucus carota ssp. sativus

Allgemeines: Die Stammform, die Wilde Möhre, ist auf den Magerwiesen fast ganz Mitteleuropas zu Hause, in der gemäßigten Zone also. Es ist ein zweijähriger Doldenblütler, dessen Dolde sich zur Fruchtzeit nestartig zusammenzieht. Da haben wir ein sicheres Kennzeichen vor uns, denn keine andere Umbellifere kann das bewerkstelligen. Heute sind die Möhren eine kosmopolitische Kulturpflanze.

Die Möhrenwurzeln haben wahrscheinlich schon die Sammler und Jäger gegessen, und seit Ackerbauern in Mitteleuropa leben, wurden von ihnen Gelbe Rüben angebaut. In der griechisch-römischen Literatur werden Möhren und Pastinak oft verwechselt, sicher aber ist, daß beide Arten bei diesen Völkern bekannt waren.

Man ißt die Wurzel, und zwar allein diese; bei den Gelben Rüben gibt es keinen Hypokotyl-(Zwischenglied zwischen Sproß und Wurzel)-Anteil. Die Wurzeln haben einen Holz- und einen Rindenteil. Charakteristisch für diese Gemüseart ist es, daß der Rindenteil schmackhafter und zarter ist als das „Herz", der Holzteil. Die gelbe Rübenfarbe kommt von Chlorophyll, Anthochlor, Anthocyanin und Carotinoiden. „Wilde Möhren" und die ihnen noch sehr nahestehenden Futtermöhren sind fast weiß.

Wurzelmißbildungen, wie z.B. Beinigkeit, entstehen, wenn man die Möhren verpflanzt, auch in steinigen Böden können sie auftreten. Möhrenwurzeln platzen wie fast alle Pflanzenteile, wenn die Wasserzufuhr zu sehr schwankt, z.B. bei Regen nach langer Trockenheit.

Die Form der Möhren hängt von der Sorte ab, wir haben kurze, halblange und lange Formen.

Inhaltsstoffe: ca. 90 % Wasser, 1 % Eiweiß, 0,3 % Fett, bis zu 12 % Zucker (sortenabhängig), geschmacksbildend sind ein farbloses ätherisches Öl, das Mohrrübenöl, Apfelsäure, Asparagin u.a. Der Vitamingehalt ist bei der Möhre von größerer Bedeutung, vor allen Dingen das Provitamin A, das Carotin, das erst 1831 entdeckt wurde. Es ist der bedeutendste Möhrenfarbstoff, je dunkler gefärbt, desto vitaminreicher die Wurzeln. Daneben sind noch die Vitamine B_1, B_2 und C vorhanden. Carotin wird vielfach als natürlicher Pflanzenfarbstoff in der Lebensmittelherstellung verwendet, also zum Färben von Butter, Margarine etc. Das Vitamin A ist das Hautschutzvitamin, es steuert die Regeneration der Oberhaut. Außerdem ist die Sehfähigkeit der Augen stark vom Vitamin A abhängig. Schließlich senkt Vitamin-A-Mangel die Abwehrbereitschaft gegen Infektionskrankheiten. Möhrenwurzeln enthalten am meisten Vitamin A von allen Gemüsen und Früchten. Auch Pektin ist in der Möhre vorhanden, es wirkt stopfend. Die Gelbe Rübe ist leicht verdaulich, deshalb und wegen ihres hohen Vitamingehaltes wird sie verstärkt in der Kinder- und Krankenkost verwendet. Wir haben mit den Möhren eine der ältesten Nahrungspflanzen der Menschheit vor uns.

Ansprüche: Möhren sind nicht sehr kälteempfindlich, jedoch keineswegs frostresistent. Für ein gutes Gedeihen sollte der Herbst warm und feucht sein. Der Lichtbedarf ist hoch, die Pflanzen brauchen einen humosen, leichten und tiefgründigen Boden, damit die Wurzeln nicht beinig werden. Der Wasserbedarf ist mittel, er muß vor allen Dingen gleichmäßig gedeckt werden, sonst platzen die Wurzeln. Auch der Nährstoffbedarf hält sich in Grenzen.

Sorten:

- Frühsorten: 'Pariser Markt' ist eine runde, abgestumpfte Karotte mit kurzer Entwicklungszeit, vor allen Dingen für die Treiberei, aber auch unter Folien geeignet.
  'Amsterdamer Treib' ist eine feine, lange Frühmöhre, bei Aussaat im Juni ist im Herbst eine zweite Ernte möglich.
  'Nantaise', von dieser typischen Sommermöhre gibt es auch frühe Selektionen für die Frühsommerernte (siehe Sommersorten).
  'Erstling' (Vertou) ist eine halblange, zylinderförmige Karotte, sehr früh. Für den Freilandanbau geeignet.
  'Rotin' ist halblang, gut abgestumpft, sehr intensiv gefärbt, früh, für das Freiland geeignet.
  Wo nicht anders angegeben, sät man diese Sorten im März/April und erntet im Sommer.
- Sommersorten: 'Juwarot' ist 15 bis 18 cm lang, unten abgestumpft. Sie besitzt eine intensive Färbung, d.h. einen hohen Carotingehalt, auch viel Vitamin B ist vorhanden.
  'Nantaise' hat eine stumpf-zylindrische Rübenform und eine orangerote Farbe, es handelt sich um eine ganze Sortengruppe mit den verschiedensten Typen. Sie ist für alle Anbauarten geeignet.
  Sommersorten werden im März/April gesät und im Spätsommer/Frühherbst geerntet.
- Spät- und Lagersorten: 'Rote Riesen' ist stumpf, lang und dunkelrot.
  'Rothild' ist eine lange, konische Rübe mit stumpfer Spitze.
  'Lange rote stumpfe ohne Herz' ist eine zylinderförmige, abgestumpfte Möhre.
  Wir säen diese Sorten im April/Mai und ernten sie im Spätherbst. Sie sind gut im Winterlager haltbar und eignen sich auch für die Saftgewinnung.

Pflanzung und Pflege: Weil man sonst keine ordentlichen Rüben erzielen würde, kann man die Möhren nur an Ort und Stelle säen. Das sollte so bald wie möglich erfolgen, gleich wenn der Schnee getaut und der Boden einigermaßen abgetrocknet ist, in manchen Gegenden schon im Februar. Diese Gemüseart keimt nämlich schon bei 3 bis 5 °C, braucht aber drei Wochen, ehe die Keimlinge an das Tageslicht kommen. Weil es möglich ist, daß das schnell wachsende Unkraut die jungen Möhren erstickt, ist es von Vorteil, dem Möhrensamen einige Körner Radieschen- oder Salatsamen beizumischen, so werden die Reihen schneller sichtbar, und es kann schon früh gejätet werden. Der Fachmann nennt dieses Verfahren Markiersaat.

Man kann satzweise säen, die Termine finden Sie bei den Sortenbeschreibungen. Die Reihenentfernung beträgt bei Frühsorten 20 cm, bei den späteren und größeren Sorten 25 cm. 0,5 bis 0,6 g Saatgut dürfen es nur auf 1 m^2 Anbaufläche sein. Ungeübte vermischen den Samen mit Sand oder sie verwenden Pillensaatgut, Saatbänder etc.

Nach dem Auflaufen vereinzelt man auf 3 cm in der Reihe.

Frühsorten wachsen noch schneller, wenn man sie mit Folie (mitwachsende Folie) oder Vlies abdeckt. Die gleichmäßige Wasserversorgung muß allerdings immer gesichert sein, auch darf man die Abdeckung nur bei trübem Wetter entfernen.

Stallmist ist für die Möhren nicht anzuraten, auch eine eventuelle Kompostgabe muß gut verrottet sein. Die mineralische Grunddüngung beträgt vor dem Anbau 40 g/m^2 Blauvolldünger, wenn die Kultur ca. 10 cm hoch ist, kommt die Kopfdüngung, ebenfalls 40 g/m^2 Blauvolldünger.

Möhren sind eine Hauptkultur, sie lassen den Boden in einem guten Zustand zurück, haben also einen guten Vorfruchtwert. In Mischkultur lassen sie sich mit vielerlei Art kombinieren, z.B. mit Rettich, Radies, Kopfsalat und Zwiebel. Manche Leute sagen sogar, daß die Zwiebel/Möhren-Mischkultur die Schädlinge verscheucht.

Die Möhrenfliege verursacht die meisten Schäden an dieser Kultur. Aus den an die Pflanze gelegten Eiern schlüpfen die Maden und zerfressen den Rübenkörper.

Wirkungsvolle Abwehrmechanismen sind wieder die speziellen Gemüsefliegennetze, die den Zuflug und damit die Eiablage verhindern. Auch ein großer Reihenabstand von 30 bis 40 cm und ein Abstand in der Reihe von 2 bis 3 cm (Spätmöhren 5 cm) wirkt sich günstig aus. In solch lichten Beständen halten sich die Möhrenfliegen nicht gern auf und suchen dann eher dichte, windgeschützte Beete auf.

Ernte und Aufbewahrung: Die Ernte mit der Grabgabel ist problemlos, das Laub wird abgedreht. Möhrenlaub ist ein hervorragendes Viehfutter, auch für Ziegen und Kaninchen.

Frühmöhren kann man mittels Dampf haltbar machen oder einfrieren (besonders die ganz frühen Sorten ‘Pariser Markt’ oder ‘Suko’), Spätmöhren schlägt man im Überwinterungsraum ein.

Pastinake

Pastinaca sativa

Allgemeines: Wie die Möhre ist auch die Pastinake ein einheimischer Doldenblütler, der auf trockenen bis mäßig feuchten Wiesen und vor allem an Wegrändern lebt. Als besonderes Merkmal dient hier die gelbe Blütenfarbe, nur wenige Doldenblütler blühen gelb („Fenchel, Dill und Pastinak scheiden sich vom anderen Pack“).

Auch hier haben wir eine Wurzel vor uns, die die Jäger und Sammler mit ihren Grabstöcken ernteten, auch die Pastinake hat man schon in der Steinzeit angebaut, und selbstverständlich kannten sie alle klassischen Mittelmeer- Kulturvölker. Im Mittelalter, ja bis ins 18. Jahrhundert hinein, hatte die Pastinake eine erheblich größere Bedeutung als jetzt, nach und nach wurde sie von Möhre und Kartoffel verdrängt, doch mit Ansteigen des Interesses an nicht alltäglichen Gemüsearten gewinnt auch die Pastinake wieder an Bedeutung. Die Wurzel schmeckt süß-gewürzhaft, sie erinnert an Petersilie.

Pastinak ist ein nahrhaftes Gemüse und auch ein gutes Viehfutter, der Nährwert ist fast so groß wie der der Kartoffel und höher als der der Möhren und der Steckrüben. Inhaltsstoffe: 82 % Wasser, 1,3 % Eiweiß, 0,2 % Fett, 13 % Kohlenhydrate. Die Wurzel enthält ein fettes Öl, Proteide, Stärke und Pektin.

Früher diente die Wurzel als Kaffee (wie Zichorienwurzel) und zur Herstellung von Zucker und Branntwein. In Irland wird die zerkleinerte Wurzel mit Hopfen gekocht und dann zu Bier vergoren. In der Volksmedizin wirkt Pastinake magenstärkend, gegen Schwindsucht und harntreibend.

Ansprüche: Pastinaken sind frosthart, sie können über Winter in der Erde bleiben und von dort bei entsprechendem Wetter laufend geerntet werden. Überhaupt hat sich die Gemüseart noch nicht weit von ihrer Stammform entfernt. Licht- und Wasserbedarf sind mittel bis hoch, als Bodenart kann ein humusreicher Lehmboden empfohlen werden, ein so leichter Boden wie für Möhren ist nicht notwendig. Der Nährstoffbedarf gleicht dem der gelben Rübe.

Sorten: 'Halblange weiße' ist die wichtigste Sorte.

Pflanzung und Pflege: Wie die Möhren kann man auch die Pastinaken in der Zeit von Februar bis Juni säen, Reihenabstand 30 bis 40 cm, nach dem Auflaufen wird in der Reihe auf 20 cm verzogen. Saatmenge 0,5 g/m^2, vorsichtig säen, daß der Samen gleichmäßig liegt. Die Pastinakenkultur dauert nicht so lange wie die der Spätmöhren, will man also einlagern, muß man später säen (Mai/Juni).

Die Stellung in der Fruchtfolge ist für die Pastinake dieselbe wie die der Möhre, auch die Zwischenkulturen sind die gleichen. Die Hauptwachstumszeit der Wurzel liegt im August/September, wir geben deshalb eine mineralische Grunddüngung von 40 g/m^2 Blaukorn vor dem Anbau und im August weitere 40 g/m^2 Blaukorn als Kopfdüngung. Organische Düngung ist nicht unbedingt erforderlich.

Pastinaken keimen wie die Möhren sehr langsam (drei bis vier Wochen Keimdauer), auch hier ist eine Markiersaat angebracht. Während der Kulturzeit sind Hackarbeiten und regelmäßige Wassergaben erforderlich.

Ernte und Aufbewahrung: Wie schon gesagt, können die Pastinaken über Winter auf dem Feld bleiben, wir können aber auch die Wurzeln mit einer Grabgabel herausnehmen, das Laub abdrehen und sie im Überwinterungsraum einschlagen. Die Gemüseart hält sich gut über Winter, sie läßt sich wie Möhren, auch zusammen mit ihnen, nach Möhrenrezepten zubereiten.

Blatt- und Wurzelpetersilie

Petroselinum crispum

Allgemeines: Hier ist schon der Name interessant. Er läßt sich auf das mittellateinische petrosilium (petra = der Stein) zurückführen, und das hat doppelte Bedeutung. Die Stammform wächst wild im östlichen Mittelmeergebiet an steinigen Felsküsten, und andererseits soll Petersiliensaft Blasensteine auflösen. Schon in der Jungsteinzeit wird die Pflanze angebaut als Heilpflanze und Gewürz. Vom Mittelmeerraum ausgehend eroberte sie die Welt, die Römer brachten Petersilie auch nach Germanien. Schon im Mittelalter war es eine allgemein bekannte Küchenpflanze. Seit dem 16. Jahrhundert gibt es die Krause Petersilie.

Die Pflanze ist zweijährig, sie blüht erst im zweiten Lebensjahr. Im ersten Jahr bilden sich Wurzeln und Blätter, und zwar sind die Blätter des ersten Jahres anders (Einzelblättchen eirund, dreispaltig und gezähnt) als die des zweiten Jahres (Einzelblättchen lineal-lanzettlich und ganzrandig). Man kann die Petersilie dauernd in der Jugendform des ersten Jahres erhalten, wenn man sie reichlich düngt und wässert, wo es möglich ist die Lichtstärke verringert und die erscheinenden Blätter mit lineal-lanzettlichen, ganzrandigen Einzelblättchen entfernt. Diese Maßnahmen dürfen aber nur im März/April des zweiten Jahres erfolgen, in den meisten Fällen erscheinen danach nur noch Jugendform-Blätter.

Es gibt einen künstlichen Bastard Petersilie/Sellerie mit Blättern wie Petersilie und einer apfelgroßen, sellerieartigen Wurzel, aus der petersilienartige Seitenwurzeln hervorkommen. Leider ist er im Samenhandel nicht erhältlich.

Petersilie spielte im Aberglauben der Germanen und Romanen eine große Rolle, wegen des starken Geruchs galt sie als eine den Geistern unangenehme Pflanze. Sie wurde an Vieh verfüttert, um den Einfluß der Hexen unwirksam zu machen, in Hexenprozessen erscheint der Teufel oft unter dem Namen Peterling. Andererseits galt Petersilie wegen des Namens auch als eine von Petrus herkommende Pflanze, also ein Namenszauber.

Petersilienkraut enthält 85 % Wasser, 4 % Eiweiß, 0,7 % Fett, 0,8 % Zucker. In Blättern und Wurzeln ist ein ätherisches Öl vorhanden (Oleum Petroselini), ferner der Farbstoff Apiin. Außerdem kommen sehr viel Provitamin A, die Vitamine B_1, B_2 und C vor. Die Wurzel enthält neben dem ätherischen Öl Schleim, Zucker und Apiin. Das aus Wurzeln oder Früchten (Samen) hergestellte Petersilienwasser ist sehr harntreibend und wird bei Wassersucht und Blasensteinen angewendet. Ferner wirkt die Petersilie verdauungsfördernd, sie ist ein leichtes Aphrodisiakum, reguliert und erleichtert die Monatsblutung und wirkt bei Erkältungen schleimlösend und auswurffördernd.

Ansprüche: Petersilie kann auch Halbschatten ertragen, sie ist frosthart, kann also im Winter im Freien bleiben, in milden Wintern bleibt sie das ganze Jahr über grün. Der Wasserbedarf liegt im mittleren bis hohen Bereich. Die Pflanze braucht einen lockeren, nährstoffreichen Boden, hohe Düngergaben sind dagegen jedoch nicht erforderlich.

Sorten: Wir kennen die Wurzelpetersilie und die Blattpetersilie, bei letzterer gibt es glatte und krause Sorten. Glatte Blattpetersilie wird leicht mit der giftigen Hundspetersilie (Aethusa cynapium) oder dem noch giftigeren Schierling (Conium maculatum) verwechselt. Wer sich da nicht sicher ist oder Angst hat, baut am besten krause Petersilie an, die unverwechselbar ist. Das Laub der Wurzelpetersilie und die glatte Schnittpetersilie sind aromatischer als die krause Schnittpetersilie.

– Wurzelpetersilie:
  'Halblange' hat eine glatte, kegelförmige Rübe, ein aromatisches Blatt und ist ertragreich, die Sorte läßt sich im Winter einschlagen und treiben.
  'Kurze Dicke' mit keilförmigen, spitzen Rüben.
  'Lange Glatte' mit langer, spitz zulaufender Rübe.
– Blattpetersilie:
  'Mooskrause' ist dunkelgrün, kraus, dicht gefüllt und kompakt.
  'Grüne Perle' ist dicht gekraust, dunkelgrün, hat kräftige Stiele und ist kälteresistent.
  'Hamburger Schnitt' hat einfaches, dichtes Laub, ist ertragreich und würzig.
  'Einfache Schnitt' ist einfach und glattblättrig.

Pflanzung und Pflege: Wie Möhren und Pastinake sät man auch Petersilie so früh wie möglich, besonders die Wurzelpetersilie. Mit der Blattpetersilie kann man sich allerdings bis Anfang Juni Zeit lassen, eventuell auch im Frühjahr Folgesätze machen. Es ist möglich, Blattpetersilie in Kistchen oder Blumentöpfen vorzuziehen und anschließend zu pflanzen, mit Wurzelpetersilie ist das nicht zu machen, da würde die Wurzel zu sehr verletzt. Man braucht für die Aussaat ca. 0,5 g/m^2 Samen, die Reihenentfernung ist bei der Wurzelpetersilie 25 cm, bei der Blattpetersilie 20 cm. Will man schöne Rüben ernten, muß man die Wurzelpetersilie auf 5 cm in der Reihe verziehen.

Auch Petersiliensamen braucht ungefähr drei Wochen zum Auflaufen, auch hier wird es günstig sein, wenn man eine Markiersaat durchführt, also Radieschen- oder Salatsamen beimischt. Wie bei den Möhren ist die gleichmäßige Verteilung des feinen Saatgutes in den Saatrillen ziemlich schwierig, zur leichteren Handhabung vermischen wir es mit Sand oder wir besorgen uns Pillensaatgut oder ein Saatband.

Die Wurzelpetersilie ist eine Hauptkultur, Schnittpetersilie läßt sich in viele Lücken „dazwischenflicken", z.B. als Beeteinfassung in der Nähe der Küchentüre.

Als Grunddüngung vor der Saat gibt man 60 g/m² Blauvolldünger, nach vier bis sechs Wochen folgt die Kopfdüngung mit 20 g/m² desselben Düngers. Eine organische Düngung ist nicht erforderlich. Gelingt es uns, Blattpetersilie über mehrere Jahre ohne zu blühen zu erhalten, muß die Düngung in jedem Jahr genauso wie im ersten Jahr erfolgen, vor allen Dingen im März/April ist eine reichliche Düngung wichtig. Stark genutzter Blattpetersilie kann man eventuell bei Bedarf noch zusätzlich 30 g/m² Kalkammonsalpeter verabreichen.

Petersilie benötigt mehrere Jahre, bevor sie wieder am alten Standort stehen darf. Wird diese Regel nicht beachtet, kümmern die Pflanzen, sie werden gelb und sterben schließlich ab.

Wer im Winter, wenn tiefer Schnee liegt und man nicht an die Schnittpetersilie herankommt, trotzdem das würzige Grün ernten will, muß die Rüben der Wurzelpetersilie im Herbst herausnehmen, das Laub abschneiden und immer mehrere Rüben in einen 12 cm-Blumentopf setzen. Es gibt sogar spezielle 'Petersilientöpfe' mit Löchern an der Topfwand, durch die Wurzelköpfe das Grün sprossen lassen. Diese Gefäße läßt man nach dem Bepflanzen im Freien, drohen stärkere Fröste, stellt man sie in eine ca. 40 cm tiefe Grube und bedeckt sie mit Erde und Laub. Im Winter nimmt man nach Bedarf einen Topf nach dem anderen heraus und bringt sie am Küchenfenster zum Treiben.

Schnittpetersilie kann man nicht zur Hauskultur aus dem Gartenbeet holen, man muß sie frisch in Schalen oder Kistchen säen, an einem kühlen, frostfreien, hellen Ort zum Keimen bringen und dann nutzen. Der Handel führt die verschiedensten Sets und Vorrichtungen für Schnittpetersilie im Winter.

Ernte und Aufbewahrung: Petersilienwurzeln kann man über Winter im Freien lassen, man kann sie jedoch auch im Überwinterungsraum einschlagen. Im Freien verhindern einige Fichtenäste (aber nicht zu viele) die übermäßige Frosteinwirkung und ermöglichen so eine Ernte im Winter. Auch Blattpetersilie im Freien kann man so schützen.

Petersilienwurzeln verleihen Gemüsesuppen einen besonders guten Geschmack.

Knollen-, Bleich- und Schnittsellerie

Apium graveolens

Allgemeines: Der Name Sellerie ist erst im 17. Jahrhundert aus dem französischen célerie (griechisch selinon) entstanden. Die Stammform, der Wilde Sellerie (Apium graveolens var. graveolens), lebt zerstreut an salzhaltigen Stellen, z. B. am Meeresstrand, auf Wiesen, in Sümpfen und an Gräben des Binnenlandes in ganz Europa. Er ist eine uralte Nutzpflanze, eine Heilpflanze, sie wurde den ägyptischen Mumien in die Gräber mitgegeben; der Sellerieduft sollte den Leichengeruch verdrängen. Die sizilianische Stadt Selinunt ist nach dem Sellerie benannt und führt ein Sellerieblatt in ihrem Wappen. Bei den Römern und Griechen bedeutete die Pflanze Glück, sie flochten den Siegeskranz bei sportlichen Wettspielen auch aus Sellerielaub. Aus Italien kam der Sellerie im frühen Mittelalter als Kulturpflanze zu uns, obwohl die Wildpflanze in ganz Mitteleuropa heimisch ist.

Die Wurzel der Wildform ist nicht verdickt, die ganze Pflanze schmeckt scharf und bitter. Aus dem griechischen selinon wurde der Sellerie, aus dem lateinischen Apium der Eppich. Doch erst im 18. Jahrhundert baute man die Gemüseart allgemein an, sie verdrängte mit Möhre und Kartoffel den Pastinak und manche andere einheimische Wurzel, der Schnittsellerie das früher allgemein übliche „Schwarze Gemüse" (Smyrnium olustratum = Pferdeeppich).

Wir haben derzeit drei Formen im Anbau, die var. rapaceum, den Knollensellerie, die var. secalinum, den Schnittsellerie, und die var. dulce, den Bleichsellerie.

Der Bleichsellerie besitzt lange, fleischige, grün-gelbe Blattstiele und eine spindelförmige, nicht verdickte Wurzel.

Die Wurzel des Knollenselleries ist kugelig, sie bildet sich aus Sproß, Hypokotyl (dem Zwischenstück) und der Wurzel. Beim Schnittsellerie ist die Wurzel nicht verdickt.

Ein Schock, also tiefe Temperaturen im Jugendstadium oder langanhaltende Trockenheit, bewirkt das Schossen der Pflanzen im ersten Jahr.

Das Schwarzkochen der Sellerieknolle ist sorteneigentümlich, Düngung und Boden sind da ohne Einfluß. Die Rostfleckigkeit der Knollen wird durch Verfärbung von Harzstoffen und ätherischen Ölen verursacht, das Hohlwerden ist ebenfalls wie das Schwarzkochen eine Erbangelegenheit, die man durch Auslese und Züchtung beseitigen kann.

An Inhaltsstoffen sind 84 % Wasser, 1,5 % Eiweiß, 0,3 % Fett und 0,8 % Zucker enthalten. Kraut und Früchte (Samen), also nicht die Knolle, enthalten ein ätherisches Öl, das den charakteristischen Selleriegeruch ausmacht, auch den des aus Laub und Samen gewonnenen Oleum Apii. Es dient wie Petersilie- und Distelöl zum Würzen von Konserven und Nährpräparaten. Sellerie ist kein Aphrodisiakum, aber er wirkt gegen Husten, Gicht und Rheuma.

Ansprüche: Diese Wurzelgemüseart gedeiht noch im leichten Halbschatten, auch der Wärmebedarf ist nicht groß. Doch bewirken Spätfröste das Schossen, und die fertigen Knollen dürfen auch nicht gefrieren. Der Wasserbedarf ist sehr hoch, der Boden muß ein humoser, nährstoffreicher Lehm sein. Sellerie braucht viele Nährstoffe.

Sorten:

- Knollensellerie:
  'Alba' hat weißes Fleisch, das nicht schwarzkocht. Die Knolle ist mittelgroß und glatt.
  'Monarch' hat große, glatte Knollen, gesundes, kräftiges Laub und weißes Fleisch, das nicht schwarzkocht.
  'Apia' hat große, glatte, runde Knollen.
  'Hild's Neckarland' hat große, glatte Knollen mit weißem Fleisch.
- Schnittsellerie:
  'Schnittsellerie aromatischer' ist krausblättrig und bringt hohe Blatterträge.
  'Gewöhnlicher Schnitt' ist ähnlich wie Knollensellerie-Laub.
- Bleichsellerie:
  'Goldgelber de Roy' ist gelb.
  'Utah' ist grün.

Pflanzung und Pflege: Sellerie kann man nicht an Ort und Stelle säen, eine Jungpflanzenanzucht ist unbedingt erforderlich. Man sät Anfang April dünn in eine Saatschale, drückt vorsichtig das feine Saatgut mit einem Brettchen an, überdeckt es nicht mit Erde. Hell und feucht halten, Glasscheibe über die Schale bis zum Auflaufen, Temperatur ca. 20°C. Kann man die Pflänzchen fassen, werden sie im ca. Drei-Finger-Abstand ins Kistchen oder ins Frühbeet pikiert. Die Jungpflanzenanzucht dauert sechs bis acht Wochen, Ende Mai bis Anfang Juni pflanzt man Knollen- und Bleichsellerie im Abstand von 40 x 40 cm und Schnittsellerie im Abstand von 10 x 15 cm aus. Wem die Jungpflanzenanzucht zu aufwendig ist oder wer die erforderlichen Einrichtungen (Frühbeet) nicht im Garten hat, sollte Setzlinge zukaufen, im Mai werden ja überall Selleriepflanzen angeboten.

Der Sellerie ist eine Hauptkultur. Pflanzt man erst Mitte Juni, kann vorher noch Feldsalat, Kopfsalat oder Mairüben auf dem Beet gestanden haben. In Mischkultur wächst Sellerie gut mit Gurken, Frühkohlrabi oder Blumenkohl. Er hat einen guten Vorfruchtwert, sein dichtes Wurzelwerk lockert den Boden, schließt ihn auf, und als Ernterückstand bildet es Humus.

Der Nährstoffbedarf ist hoch, schon im Herbst sollte eine gute Stallmistgabe in das Beet eingearbeitet werden. Steht kein Stallmist zur Verfügung, kann es im Frühling Kompost sein. Hauptnährstoff- und Hauptwasserbedarf besteht während der Wachstumszeit der Knollen von Juli bis September. Wir teilen die mineralische Düngung folgendermaßen auf:

- 50 g/m² Volldünger vor dem Pflanzen als Grunddüngung,
- 50 g/m² Volldünger als Kopfdüngung Ende Juni,
- 50 g/m² Volldünger als Kopfdüngung Anfang August.

Statt des fast überall vorgeschlagenen Blauvolldüngers kann man für Sellerie, besonders auf kalkhaltigen Böden, einen borhaltigen Volldünger verwenden.

Im Sommer hacken wir fleißig aber flach, damit die Wurzeln nicht beschädigt werden. Sellerie muß immer reichlich Wasser zur Verfügung haben, auch in Trockenzeiten, ca. 20 l/m² (zwei Gießkannen) ist die richtige Menge.

Die unangenehmste Selleriekrankheit ist die Blattfleckenkrankheit, manche Leute sagen unzutreffend Rost dazu. Will man auf die Blätter nicht verzichten, muß man mehrmals mit einem zugelassenen Fungizid spritzen.

Bleichsellerie wird wie Knollensellerie angebaut. Sind die Blattstiele 1,5 bis 2 cm breit geworden, kann man mit dem Bleichen beginnen. Die Pflanzen werden ähnlich wie Endivien zusammengebunden und mit schwarzer Folie oder Wellpappe umhüllt, man kann auch eine Tonröhre über die Pflanzen stülpen. Nach ca. drei Wochen ist der Bleichsellerie erntefertig. Bei selbstbleichenden Sorten, wie sie oben genannt wurden, genügt ein leichtes Anhäufeln, besonders günstig ist es da, wenn in Furchen gepflanzt wurde. Unterläßt man das Bleichen ganz, erhält man den ebenfalls wohlschmeckenden Staudensellerie, der in zunehmendem Maße aus den EG-Ländern importiert und auf unseren Märkten angeboten wird. Bleichsellerie kann man auch unter Folientunnel anbauen, die Ernte läßt sich dadurch um etwa einen Monat verfrühen.

Ernte und Aufbewahrung: Ernten Sie Knollensellerie nicht zu früh, in den nebligen Herbstwochen gibt es einen erstaunlichen Massenzuwachs. Man nimmt bei der Ernte die meisten Wurzeln und das Laub bis auf die Herzblätter weg und schlägt die Knollen im Überwinterungsraum ein. Sind die Blätter gesund, kann man sie trocknen und fortlaufend als Würze in der Küche verwenden. Sie lassen sich auch zusammen mit Petersilienlaub, Möhren-, Pastinak-, Petersilienwurzeln, alles gehackt und geraspelt und mit dem gleichen Gewichtsanteil Salz vermischt, zu haltbarer Suppenwürze konservieren.

Etwa Mitte bis Ende August beginnt die Bleichsellerie-Ernte, man reißt die Pflanzen aus, kürzt die Wurzeln sorgfältig ein und entfernt die oberen grünen Blätter. Frost vertragen die zarten Stiele nicht, man gräbt die Pflanzen vor den ersten Herbstfrösten aus und schlägt sie in einem kühlen, frostfreien, luftigen, möglichst dunklen Raum in Sand ein. Da kann man dann noch mehrere Wochen lang ernten.

Einige Tage halten sich Bleichsellerie-Stangen im Kühlschrank, tiefgekühlt bleiben sie einige Monate gebrauchsfertig.

Schwarzwurzel

Scorzonera hispanica

Allgemeines: Der Name Schwarzwurzel bezieht sich auf die schwarze Farbe der Wurzel, der botanische Name kommt vom lateinischen scorzone (= giftige Schlange). Die Stammform wächst in Europa, besonders in Mittel-, Süd- und Südost-Europa, in sonnigen Kalk-Magerrasen und im Saum lichter Wälder.

Wahrscheinlich wurde die Pflanze zuerst in Spanien in Kultur genommen als Mittel gegen Schlangenbisse. Das geschah im späten Mittelalter, erst im 16. Jahrhundert breitete sich die Gemüseart als Küchenpflanze in Europa aus. Vorher war sie vor allen Dingen eine Arzneipflanze gegen Pest und Gift. Das Wasser, in dem die

Wurzeln gekocht wurden, galt als sicheres Vorbeugungsmittel gegen die Pest. Seit 1770 ist die Art in ganz Deutschland bekannt, doch von einer gezielten Züchtung kann man erst ab 1840 sprechen.

An Inhaltsstoffen sind 80 % Wasser, 0,5 % Fett und 2,2 % Zucker enthalten. An Mineralstoffen sind vorhanden Kalk, Phosphor und Eisen, an Vitaminen B_1, B_2 und in geringer Menge das Vitamin C.

In der Volksmedizin wurde die Wurzel noch vor gar nicht so langer Zeit gegen Lungenkrankheiten, Hypochondrie und Verdauungsstörungen angewendet. Im Mittelalter hat man sie auch gegen Herzkrankheiten, Schwindelanfälle, Epilepsie und bei schwachen Nerven gebraucht.

Ansprüche: Schwarzwurzeln sind frostresistent, brauchen aber volle Sonne und einen tiefgründigen, humosen, sandigen Lehmboden. Der Wasserbedarf ist mittel, ebenso der Nährstoffbedarf.

Sorten: 'Hoffmanns schwarze Pfahl' mit sehr langen und glatten Wurzeln.

'Einjährige' bildet lange, dicke Wurzeln bei zeitiger Aussaat.

Pflanzung und Pflege: Man sät direkt an Ort und Stelle und das sobald im Frühling wie möglich, Schwarzwurzeln haben eine lange Entwicklungszeit. Die Reihen haben 30 cm Abstand, man benötigt 1,5 g Samen/m^2, nach dem Auflaufen verzieht man auf 5 cm Abstand in der Reihe. Während des Sommers öfter hacken, eventuell erscheinende Blütenstengel entfernen und bei Trockenheit reichlich wässern.

Die Schwarzwurzel ist eine ganzjährige Hauptfrucht, die aus arbeitstechnischen Gründen auch besser nicht in Mischkultur steht.

Eine organische Düngung ist nicht erforderlich. Als mineralische Düngung gibt man

- 60 g/m^2 Blauvolldünger vor der Saat,
- 20 g/m^2 Kalkammonsalpeter als erste Kopfdüngung nach dem Verziehen und
- 20 g/m^2 Blauvolldünger als zweite Kopfdüngung im August.

Überzieht sich im Sommer das Laub mit einem weißlichen Belag, dann handelt es sich um die Pilzkrankheiten „Weißer Rost“ oder um den „Echten Mehltau“. Eine Bekämpfung ist meist nicht notwendig.

Ernte und Aufbewahrung: Schwarzwurzeln sind frostresistent, sie können den ganzen Winter auf dem Beet bleiben und von dort laufend geerntet werden. Mit ein paar Fichtenästen hält man die strengsten Fröste ab, damit man zur Ernte leichter in den Boden kann. Sie können die Wurzeln aber auch im November herausnehmen und sie an geschützter Stelle an der Hauswand oder im kühlen Überwinterungsraum einschlagen. Beachten Sie bei der Ernte, daß Schwarzwurzeln recht brüchig sind, das hat aber keinen Einfluß auf die Lagerfähigkeit. Am besten, man hebt zur Ernte neben der ersten Reihe einen tiefen Graben aus und nimmt die langen Schwarzwurzeln seitlich heraus. An der Luft vertrocknet das Erntegut schnell und verliert seinen delikaten Geschmack, also sofort nach der Ernte einschlagen. Die Gemüseart läßt sich über Jahre hinweg mittels Dampf haltbar machen, ein Jahr hält sie sich gewaschen und geputzt im Tiefkühlgerät. Dies als Hinweis, wenn man einmal ein größeres Stück anbaut, um über mehrere Jahre versorgt zu sein.

Zwiebelgemüse

Diese ganze Zwiebelgattung ist eine Gemeinschaft von uralten Heil- und Zauberkräutern, angefangen beim Allermannsharnisch (Allium victorialis), der auch Siegwurz genannt wird und dessen alraunenartiger Wurzelstock den Menschen, der ihn trägt, unverwundbar machen soll bis hin zu Küchenzwiebel und Knoblauch, die als Zwiebelorakel und als Mittel gegen Zauber, bösen Blick und Hexerei lange Zeit in Gebrauch waren.

Nach Herkunftsgebieten geordnet kennen wir die in Europa heimischen Arten wie den Bärenlauch (Allium ursinum) und den Schnittlauch (Allium schoenoprasum), die schon unsere steinzeitlichen Vorfahren zum Würzen ihrer Speisen benützten ('Bären-Lauch'). Dann die aus Westasien stammenden Arten wie Küchenzwiebel (Allium cepa) und Knoblauch (Allium sativum). Im Mittelmeergebiet beheimatet sind die Schalotte (Allium ascalonicum), der Porree (Allium porrum) und die Perlzwiebel (Allium ampeloprasum). Die Winterheckzwiebel (Allium fistulosum) ist in Sibirien zu Hause.

Zwiebel, Knoblauch etc. spielten eine große Rolle bei den alten Kulturvölkern am Mittelmeer, sogar in der Bibel ist über sie zu lesen. Nach Mitteleuropa kamen sie durch die Römer, später auch durch die Kreuzfahrer, die im Orient mit den dort sehr beliebten Allium-Arten wohl eingehende Bekanntschaft machten.

Im Laufe ihrer Entwicklung haben die Mitglieder der Zwiebelgattung ein wirksames Mittel „erfunden", um die wichtige und wertvolle Zwiebel vor Tierfraß zu schützen, nämlich das Knoblauch- oder Zwiebelöl. Dieses ätherische Öl ist mit geringen Abwandlungen in sämtlichen Arten enthalten und verursacht deren charakteristischen Geruch und Geschmack. Sämtliche Zwiebelarten wirken blutdrucksenkend (besonders der Knoblauch ist dafür bekannt), harntreibend und appetitanregend.

Alle Zwiebel- und Laucharten enthalten ca. 90 % Wasser, 2 bis 3 % Roheiweiß, 0,3 % Rohfett und bis zu 8 % Kohlenhydrate, die bei der Küchenzwiebel fast alle als Zucker vorliegen. Je höher der Zuckergehalt, desto größer die Frostwiderstandsfähigkeit und die Haltbarkeit im Winterlager. An Mineralstoffen sind Kalk, Phosphor und Eisen vorhanden, an Vitaminen B_1, B_2, Nikotinsäure und in geringen Mengen auch Vitamin C.

Küchenzwiebel, Kartoffelzwiebel, Knoblauch und Schalotte

Allium cepa, Allium sativum, Allium ascalonicum

Allgemeines: Die Küchenzwiebel (Allium cepa) ist ein sehr stark verkürzter Sproß. Die gestauchte Sproßachse bildet die sogenannte Zwiebelscheibe, auf der die verdickten, fleischigen, blattgrünlosen Schalen angeordnet sind. Die Wurzeln entspringen kranzförmig und wachsen nur flach.

Die Kartoffelzwiebel (Allium cepa var. aggregatum) ist eine Form der Küchenzwiebel mit großen Zwiebeln, die weniger Geschmack aufweisen, aber besser haltbar sind.

Beim Knoblauch (Allium sativum) wachsen an der Zwiebelscheibe in den Achseln der Blätter die sogenannten Zehen oder Klauen.

Die Schalotten (Allium ascalonicum) sind wahrscheinlich aus der Küchenzwiebel hervorgegangen.

Ansprüche: Küchenzwiebel und Knoblauch haben ihre orientalische Heimat in der sonnenüberfluteten Steppe, das Klima dort ist kontinental. Sie brauchen also auch in unserem Garten viel Wärme und Sonne, aber nicht viel Wasser. Der Boden sollte leicht, aber braucht nicht humusreich zu sein. Zwiebeln zeigen Frostschäden, wenn die Temperatur unter −10 °C sinkt. Auch die Schalotte hat die gleichen Ansprüche. Die Kartoffelzwiebel gedeiht auch auf feuchten Böden.

Sorten: Die Küchenzwiebel ist eine sehr variable Pflanze, im Laufe ihres jahrtausendelangen Lebens als Nutzpflanze der Menschen wurden die unterschiedlichsten Sorten und Formen entwikkelt:

- Frühlingszwiebeln werden im Herbst gesät oder gepflanzt und im Frühjahr geerntet: 'Weiße Frühlingszwiebel' und 'Senshyu Yellow'.
- Dauerzwiebeln werden im Frühjahr angebaut und im Sommer bis Spätherbst geerntet: 'Stuttgarter Riesen' (als Steckzwiebel geeignet), 'Zittauer Gelbe', 'Braunschweiger Dunkelblutrote' und 'Birnenförmige'.
- Gemüsezwiebeln werden sehr groß, enthalten nicht so viele ätherische Öle und schmecken daher milder: 'Yellow Sweet Spanish Sperling's Koloss' und 'The Kelsae'.

– Lauchzwiebeln werden im Frühjahr gesät und im Frühsommer ohne oder mit nur sehr kleinen Zwiebeln und großem Laubanteil geerntet und als „Bündelzwiebeln“ verkauft: ‘Evergreen Bunching’ und ‘Southport White Globe’.

Von Kartoffelzwiebeln, Knoblauch und Schalotten gibt es keine Sorten auf dem deutschen Markt.

Pflanzung und Pflege: Bei den Küchenzwiebeln haben wir drei Anbauweisen:
– als Saatzwiebeln,
– als Pflanzzwiebeln und
– als Steckzwiebeln.

Saatzwiebelanbau ist am günstigten, denn er verursacht am wenigsten Aufwendungen und die Lagerhaltbarkeit ist am größten. Wir säen im März oder noch früher, also so früh wie möglich, auf ein schon im Herbst umgegrabenes Beet. Die Reihenentfernung beträgt 25 cm, der Saatgutbedarf 1,5 g/m^2.

Steckzwiebeln werden zu demselben Zeitpunkt gelegt, Reihenentfernung 25 cm, Entfernung in der Reihe 4 bis 6 cm, für ein 10 m^2-Beet benötigt man ca. 600 g Steckzwiebeln. Zugekaufte Steckzwiebeln sollten Sie sich so bald wie möglich besorgen. Wenn man die kleinen Zwiebelchen vor dem Legen ca. drei Wochen einer Temperatur von 30 bis 40°C aussetzt, vermindern sich die Schosser erheblich bzw. bleiben ganz aus.

Zieht man selber Steckzwiebeln vor, muß man 15 g Saatgut/m^2 ausstreuen. Die Reihen sollten nicht weiter als 15 cm voneinander entfernt sein. Gedüngt wird bei der Steckzwiebel-Vorkultur nicht, die Zwiebelchen sollen ja klein bleiben, große Steckzwiebeln schossen nämlich sofort, denn Zwiebeln blühen ja normalerweise in ihrem zweiten Lebensjahr. Ein Durchmesser von 1,5 cm ist das höchste, was Steckzwiebeln erreichen sollen.

Und schließlich können wir die Zwiebeln auch pflanzen, im März bekommt man zwar überall Zwiebel-Jungpflanzen angeboten, man kann aber auch selbst im Frühbeet vorziehen, man streut da Ende Februar/Anfang März 10 g Samen/m^2 breitwürfig aus. Gepflanzt wird dann 25 x 5 cm, der Pflanztermin richtet sich nach der Entwicklung der Jungpflanzen. Besonders die großen Gemüsezwiebeln sollte man pflanzen, sie entwickeln sich dann am besten. Überwinterungs- oder Frühlingszwiebeln werden im August/September gesät oder gepflanzt.

In Mischkultur stehen die Zwiebeln gut mit Petersilie, Möhren oder Spinat. Der Boden wird von den Zwiebelwurzeln ordentlich gelockert und aufgeschlossen, die Art hat einen ausgezeichneten Vorfruchtwert.

Die Küchenzwiebel darf keine Stallmistdüngung erhalten, auch mit Stickstoff muß man sparsam sein. Richtig ist ein Blauvolldünger, 50 g/m^2 als Grunddüngung und 30 bis 40 g/m^2 als Kopfdüngung während der Hauptwachstumszeit, also noch vor der Zwiebelbildung.

Während der Trockenzeiten im Hochsommer sollte man gründlich wässern, nicht spritzen, nasses Laub ist anfällig gegen Pilzkrankheiten. Das Unkraut muß rigoros bekämpft und der Boden öfter gelockert werden, wenn man eine befriedigende Zwiebelernte erzielen will.

Natürlich werden auch die Speisezwiebeln von den verschiedenartigsten Krankheiten und Schädlingen befallen, ich nenne da nur den Falschen Mehltau oder die Zwiebelfliege. Ihre Bekämpfung mit chemischen Mitteln ist aber für den Hausgarten denkbar ungeeignet, besser ist es, ein paar Jahre auf die Zwiebelkultur zu verzichten. Ein früher Zwiebelfliegen-Befall kann durch Quetschen der Pflanzen zwischen Daumen und Zeigefinger gestoppt werden. Bei dieser 'Handbekämpfung' werden die Maden im Inneren der Pflanze zerdrückt und können so keinen Schaden mehr anrichten.

Auch strengste Hygiene, sorgfältiger Fruchtwechsel, peinliche Unkrautbekämpfung und Verminderung der Stickstoffdüngung können helfen.

Der Knoblauch und die Schalotte werden wie Steckzwiebeln angebaut und behandelt, der Standraum kann etwas anders sein (15 x 15 cm oder 20 x 15 cm).

Kartoffelzwiebeln vermehrt man mittels Brutzwiebeln. Man kann sie im Herbst auslegen und dann im Spätsommer des nächsten Jahres die fertigen Zwiebeln ernten. Oder man legt im Frühjahr und erntet im Oktober. Standraum 40 x 60 cm, alle sonstigen Pflegemaßnahmen wie bei der Küchenzwiebel. Es gibt gelbe und rote Formen.

Ernte und Aufbewahrung: Die Küchenzwiebel sollte man nicht durch Niederwalzen des Laubes zur Notreife bringen. Die Haltbarkeit leidet sehr unter dieser Maßnahme, auch die wertvollen Inhaltsstoffe können nicht mehr auf natürlichem Weg in der Zwiebel angereichert werden.

Die Frühlingszwiebel-Ernte beginnt schon Ende Mai, die Pflanzen werden samt Laub verwendet. Steckzwiebeln und Pflanzzwiebeln kann man fertig ab Anfang Juli aus dem Boden nehmen, Säzwiebeln ab Mitte August. Man sollte sich für die Ernte eine Schönwetterperiode aussuchen und die Zwiebeln auf dem Beet einige Tage austrocknen lassen, ehe man sie putzt und in den trockenen, luftigen und kühlen Überwinterungsraum bringt. Steckzwiebeln erntet man Mitte Juli (also die selbst vorgezogenen kleinen Zwiebelchen), auch sie läßt man einige Zeit auf dem Beet nachtrocknen und lagert sie dann ein wie die Speisezwiebeln.

Schalotten und Knoblauch erntet man ebenfalls ab Anfang bis Mitte Juli, auch sie läßt man auf dem Beet nachtrocknen, ehe man sie ins Winterlager bringt.

Von Schalotten kann man auch laufend etwas Blätter ernten.

Schnittlauch und Winterheckzwiebel

Allium schoenoprasum, Allium fistulosum

Allgemeines: Schnittlauch und Winterheckzwiebel sind ausdauernde Pflanzen. Die frühzeitige Horstbildung kommt durch Austrieb von Seitenknospen an der Zwiebelscheibe zustande.

Ansprüche: Schnittlauch und Winterheckzwiebel kommen in Mitteleuropa wild vor. Sie brauchen viel Wasser und humusreiche, nahrhafte Böden, denn Schwemmböden in Stromtälern mit hohem Grundwasserstand waren ihre Urheimat. Beide Arten sind winterfest und frosthart.

Sorten: Beim Schnittlauch werden die Sorten nach der Dicke der grünen „Röhren“ unterschieden. Es gibt

- grobröhrige: ‘Grolau’ und ‘Hild’s Polycross’,
- mittelröhrige: ‘Mittelgrobröhrige’ und
- normal- oder feinröhrige: in Angeboten einfach als „Schnittlauch“ oder „Schnittlauch fein“ bezeichnet.

Seit einiger Zeit wird im Samenhandel ein „Schnittlauch-Knoblauch“ angeboten. Es handelt sich hier um die aus Ostasien stammende Art Allium tuberosum.

Von Winterheckzwiebeln gibt es bei uns keine Sorten.

Pflanzung und Pflege: Schnittlauch wird ebenfalls durch Aussaat vermehrt. Sie können aber auch Jungpflanzen kaufen oder schon vorhandene ältere Pflanzen durch Teilung vermehren, alles ist möglich. Zwischen April und Juni erfolgt die Aussaat. Sie benötigen 10 g Samen, der überall erhältlich ist, auf ein m^2 Freilandbeet. Nach ca. sechs Wochen pflanzt man büschelweise 25x25 cm auf den endgültigen Standort. Düngung wie bei der Küchenzwiebel. Wenn Sie Ihre Schnittlauchpflanzen zu Hochleistungen animieren wollen, düngen Sie mit einem flüssigen oder leichtlöslichen Volldünger.

Eine effektvolle Verfrühung kann erreicht werden, wenn schon im Februar der eventuell vorhandene Schnee über den auf den Freilandbeeten stehenden Schnittlauchpflanzen weggeräumt und die Beete mit Folientunneln überbaut werden.

Schnittlauch eignet sich auch hervorragend zum Treiben auf der Fensterbank im Winter. Die dafür vorgesehenen Pflanzen werden im Laufe des Sommers nur einmal geschnitten. Danach nimmt man sie aus dem Boden und legt sie zum Abtrocknen an die frische Luft, bis alle grünen Teile völlig vergilbt sind. In diesem Zustand machen die Pflanzen eine Ruhezeit von sechs bis sieben Wochen durch. Im Oktober schneidet man das vertrocknete Kraut zurück und kürzt die Wurzeln entsprechend ein.

Auf die Treiblust wirkt es animierend, wenn die Wurzelstöcke vor dem Eintopfen leicht durchfrieren konnten. Daran schließt sich ein Wärmeschock an, indem sie für etwa acht Stunden in ein Wasserbad von 40 bis 45°C gelegt werden. Erst danach topft man sie in Ton- oder Plastiktöpfe von 12 bis 14 cm Durchmesser, Pflanzschalen aus Eternit oder Hart-PVC mit minimal 10 cm Randhöhe. Die beste Treibtemperatur liegt bei 20°C, selbst 25°C sind noch nicht schädlich; nur anfangs sollte es kühler bleiben. Hohe Luftfeuchtigkeit ist für das Ergebnis ebenso wichtig wie stets genügend Wasser im Topf. Die Wurzeln trocknen sofort ein und treiben nie wieder aus, falls sie einmal ballentrocken wurden. Abgetriebene Pflanzen können in den Garten gepflanzt, nicht nochmals zum Treiben verwendet werden.

Die Winterheckzwiebel ist eine Pflanze, die die denkbar wenigste Arbeit macht. Man kann sie aus dem überall erhältlichen Saatgut im Frühjahr oder im August anziehen und setzen, man nutzt nur das grüne Laub, das schon zum Vorschein kommt, wenn noch der letzte Schnee liegt. Es ist auch möglich, direkt an Ort und Stelle zu säen und, wenn ältere Pflanzen vorhanden sind, kann man sie teilen und neu aufpflanzen. Als Düngung geben Sie ca. 80 g/m^2 Blauvolldünger, davon zwei Drittel im Frühjahr beim Austrieb und ein Drittel im Sommer.

Ernte und Aufbewahrung: Im ersten Jahr kann man ab Juni laufend Blätter ernten, in den folgenden Jahren ist dann fast ganzjährig eine Ernte möglich. Sie sollten jedoch nicht zu oft schneiden, um die Pflanze nicht zu schädigen. Das Kraut sollte möglichst frisch verwendet werden, es eignet sich aber auch zum Einfrieren.

Porree und Perlzwiebel

Allium porrum, Allium ameloprasum

Allgemeines: Die Stammpflanze unseres „Winterlauchs", des Porrees (Allium porrum), ist höchstwahrscheinlich der „Sommerlauch" (Allium ampeloprasum).

Die Perlzwiebel (Allium ampeloprasum) ist ein schwächerer und schmalblättriger Porree, eine Pflanze aus dem Mittelmeergebiet. 30 bis 60 cm wird sie hoch und entwickelt in der Erde viele kleine weiße, silbrig glänzende Zwiebelchen, die sich ausgezeichnet zum Einmachen eignen.

Oft baut man aber auch Knoblauchverwandte (z.B. den Echten Schlangenlauch = Allium sativum var. ophioscorodon) als Perlzwiebel an.

Ansprüche: Porree und Perlzwiebel stammen aus dem westlichen Mittelmeerraum und stellen die gleichen Ansprüche an Klima und Boden wie Schnittlauch. Mit Ausnahme der Sommerlauch-Sorten ist Porree nicht frostempfindlich. Perlzwiebeln sind hierzulande allerdings nicht winterhart.

Sorten: Beim Porree kennen wir drei Gruppen, den Früh-, den Sommer- oder Herbst- und den Winterporree. Früh- und Sommerporree ist hellgrüner, weicher und kurzlebiger. Winterporree ist dunkelgrün, fest und winterhart.

- Frühsorten (Ernte im April): 'Schweizer Riesen'-Typen
- Sommer- oder Herbstsorten (Ernte von September bis November): 'Herbstriesen'-Typen
- Wintersorten (Ernte von November bis April): 'Blaugrüner Winter'-Typen

Pflanzung und Pflege: Porree oder Lauch baut man an, indem man ihn auspflanzt. Die Art bringt mit ihrem verzweigten und weitausgreifenden Wurzelsystem den Boden in einen ausgezeichneten Zustand, sie besitzt einen sehr guten Vorfruchtwert. In Mischkultur kann Porree stehen mit Kopfsalat, Gurken und Möhren.

Porreepflanzen setzt man tief und häufelt sie während der sommerlichen Hackarbeiten etwas an, daß der Schaft schön weiß wird. Der Standraum ist 30 x 15 cm.

Frühlauch pflanzt man im April, die Jungpflanzen werden Ihnen zu dieser Zeit überall angeboten. Deckt man die Setzlinge sechs Wochen lang mit mitwachsender Folie oder mit Vlies ab, kann man die Ernte wesentlich verfrühen. Herbstlauch wird im Mai/Juni gesetzt, die Jungpflanzen dafür zieht man im Frühbeet, ähnlich wie Zwiebelpflanzen vor (3 g Samen/m^2). Es ist auch möglich, ab Mitte April direkt an Ort und Stelle zu säen, Reihenentfernung 30 cm, Entfernung in der Reihe 15 cm. Mitte bis Ende Juli wird der Winterlauch gepflanzt, der dann über Winter, geschützt von einigen Fichtenästen und gut angehäufelt, auf dem Beet bleiben kann. Jungpflanzen dafür zieht man auf dem Freilandbeet vor, die Aussaat dafür erfolgt Ende Juni.

Vor dem Pflanzen sollten wir den Boden des Porree-Beetes mit Kompost verbessern. Geben Sie folgende mineralische Düngung:
- 60 g/m^2 Blauvolldünger als Grunddüngung vor dem Anbau,
- 40 g/m^2 Blauvolldünger als erste Kopfdüngung vier Wochen nach dem Setzen und
- 30 g/m^2 Blauvolldünger als zweite Kopfdüngung acht Wochen nach dem Pflanzen.

Zwiebelfliege und Lauchmotte können Ihrem Porree gefährlich werden, auch hier gilt das bei Zwiebeln gesagte: Vermeiden Sie es, im Hausgarten mit starkwirkenden Insektiziden zu arbeiten, neben der dadurch sehr leicht möglichen Gesundheitsgefährdung wird auch die so erzielte Gemüseernte womöglich teuer.

Perlzwiebeln werden vermehrt, indem man diese kleinen Zwiebeln 10 x 10 cm in die Erde legt, und zwar im August, sofort nach der Ernte der vorhergehenden Kultur, die Zwiebeln lassen sich nicht lagern. Über Winter ist ein guter Schutz notwendig (Laub, Fichtenäste), Perlzwiebeln sind frostempfindlich. Die für die menschliche Ernährung geernteten Zwiebelchen müssen sofort eingemacht werden.

Bodenvorbereitung und Düngung ist ähnlich wie bei Porree, nur die Kopfdüngungen verteilen sich über einen längeren Zeitraum.

Zur Beschaffung von Pflanzzwiebelchen muß ich Sie an die französischen Samenfirmen verweisen.

Man kann auch vom Porree Perlzwiebeln ernten, vor allen Dingen von den Sommersorten, die ja der Ausgangsform, A. ampeloprasum, noch sehr nahestehen. Man läßt die Porreepflanzen gut geschützt überwintern, im Frühjahr treiben sie dann einen Blütenstengel. Den schneidet man ab und nun entwickeln sich im Boden viele kleine weiße Perlzwiebelchen, botanisch nennt man sie Brutknospen, echte Perlzwiebeln sind sie nicht. Man erntet im Frühherbst und pflanzt die größten Exemplare aus dieser Ente sofort wieder auf. Auch hier ist Winterschutz notwendig. Das läßt sich dann in alle Ewigkeit fortführen.

Ernte und Aufbewahrung: Frühjahr- und Sommerporree müssen sofort verbraucht werden. Winterporree bleibt – eventuell von einigen Fichtenästen geschützt – auf dem Beet und wird laufend geerntet. Zur Vorsorge gegen Ernteschwierigkeiten bei starkem Frost schlägt man einige schöne Stangen gut geschützt an einer Südmauer oder im Frühbeet ein. Haltbarmachen mittels Dampf und Tiefgefrieren ist möglich.

Perlzwiebeln konserviert man sofort nach der Ernte, süß-sauer in Gläsern eingemacht, sterilisiert im Dampf-Kochtopf.

Verschiedene Gemüse

Rhabarber und Ampfer

Rheum rhabarberum, Rumex acetosa, Rumex patientia

Allgemeines: Der Rhabarber ist eine ostasiatische Pflanze, zwischen Ost-Sibirien, China und Tibet ist er zu Hause. Seit 3000 Jahren wird 'Rheum' in China als Heilmittel angewendet (verdauungsanregend, durchfallsbekämpfend). Zuerst brachte man den Medizinalrhabarber in die europäischen Gärten, in seinem Gefolge kam der Pontische (Rheum rhaponticum), dessen Wurzel schwächer wirkt, und schließlich brachte man den Welligen oder Krausen Rhabarber nach dem Westen. Und dieser Wellige Rhabarber hat sich die europäischen Gärten und Küchen als Gemüserhabarber erobert. Zahlreiche Formen (breitblättrig, langblättrig, rundblättrig, kraus) und Sorten (grünstielig-grünfleischig, rotstielig-grünfleischig, rotstielig-rotfleischig) wurden gezüchtet. Ende des 18., Anfang des 19. Jahrhunderts hat man den Rhabarber in den europäischen Gärten heimisch gemacht, nach Süddeutschland kam er etwas später.

Die Rhabarberarten sind Rhizomstauden mit dicken, fleischigen Wurzeln. Diese Wurzeln werden beim Medizinalrhabarber im September/Oktober ausgegraben und in der pharmazeutischen Industrie weiter verarbeitet. Vom Gemüserhabarber erntet man die fleischigen Blattstiele. Auch sie wirken appetitanregend. Die Blätter des Medizinalrhabarbers sind tief eingeschnitten, die des Gemüserhabarbers ganzrandig und je nach Sorte mehr oder weniger kraus.

Die Blattstiele des Rhabarbers enthalten 94% Wasser, sehr geringe Mengen (unter 1%) Eiweiß und Fett, das meiste sind Faserstoffe. An Mineralien sind Phosphorsäure, Kalk und Magnesium vorhanden, weiter 0,3 % Oxalsäure. Wird zuviel Rhabarber gegessen, kann der hohe Oxalsäuregehalt zu Vergiftungen führen, besonders bei Kindern ist Vorsicht geboten. Durch Bleichen und Treiben wird der Oxalsäuregehalt geringer. Wenn man beim Kochen der Stiele 0,3 g Kalk (Apotheke) auf 100 g Pflanzenmasse dem Kochwasser zusetzt, verbindet sich die Oxalsäure mit dem Kalk. Es entsteht ein oxalsaurer Kalk, den man entfernen kann, und der Rhabarber ist nicht mehr gesundheitsschädlich.

Derselben Knöterichfamilie wie der Rhabarber gehört auch der Sauerampfer an. Der Gartensauerampfer (Rumex acetosa var. hortensis) und der Gartenampfer (Rumex patientia) sind in Bauerngärten gar nicht so selten. Das ist wieder eines der Beispiele, wie aus einem wild gesammelten Gemüse eine Gartenpflanze wurde.

Der Sauerampfer ist auf unseren mitteleuropäischen Wiesen zu Hause, er enthält 1,3 % Calciumoxalat und Oxalsäure, wirkt also nierenreizend, ist aber nicht in demselben Maße schädlich wie der Rhabarber. Sauerampfer wirkt mild abführend. Der Gartenampfer kommt aus Südeuropa bis hin aus dem Orient, er wird auch Englischer Spinat oder Winterspinat genannt. Sämtliche Ampferarten bereitet man ja wie Spinat zu. Gartenampfer enthält in den Blättern 92 % Wasser, 0,5 % Fett und 0,4 % Zucker. In allen Ampferarten ist viel Eisen vorhanden.

Ansprüche: Rhabarber und Ampfer brauchen mittelschwere, durchlässige, humushaltige Böden, reichlich Wasser muß vorhanden sein, aber keine stauende Nässe. An die Wärme werden keine großen Ansprüche gestellt, auch nicht an das Licht. Rhabarber und Ampfer gehören zu den wenigen Gemüsearten, die man auch unter Obstbäumen anbauen kann.

Sorten: Die Sortengruppen vom Rhabarber haben wir schon oben besprochen, für den Hausgarten kann der rotstielig-grünfleischige 'Holsteiner Blut' empfohlen werden, die Sorte ist sehr ertragreich und läßt sich auch gut treiben. Rotstielig-grünfleischig ist auch 'The Sutton', auch diese Sorte ist sehr ertragreich, und man kann sie unter Glas und Folie treiben.

Vom Gartensauerampfer bieten die deutschen Samenzüchter eine großblättrige Form an, die Franzosen haben mehrere Sorten gezüchtet, lassen Sie sich von den am Ende dieser Publikation genannten Firmen Kataloge kommen und wählen Sie aus, z.B. 'Riesen von Belleville' ('Large de Belleville').

Gartenampfer-Sorten hat man bis jetzt noch keine gezüchtet, auch nicht in Frankreich, dort heißt die Gemüseart Oseille-Epinard (Sauerampfer-Spinat).

Pflanzung und Pflege: Rhabarber wird durch den Zukauf von Wurzelstöcken und/oder Teilung älterer Pfanzen vermehrt. Bei der Teilung muß man darauf achten, daß jedes Teilstück ca. 1 kg schwer ist und mindestens eine Knospe hat. Wir setzen im Herbst oder im Frühjahr, 1 m^2 Standraum rechnet man für eine Pflanze, mehr als zwei bis fünf Pflanzen werden im Hausgarten nicht erforderlich sein.

Zehn Jahre bleiben diese ausdauernden Pflanzen auf ihrem Platz stehen, vor dem Setzen muß also eine sehr tiefe Bodenbearbeitung erfolgen, mindestens zwei Spatenstich tief, bei der in erheblichen Mengen Stallmist oder Kompost eingearbeitet wird. Auch die jährliche mineralische Volldüngung ist hoch. Sie wird gegeben, wenn die Ernte zu Ende ist, also im Juni, und zwar 150 g/m^2 eines Blauvolldüngers. Bei einer Neuanlage teilt man die Mineraldüngermenge in zwei Hälften, die eine Hälfte vor der Pflanzung, die andere Hälfte im Sommer während der Hauptwachstumszeit.

Im Frühling muß man sämtliche Blütentriebe entfernen, im Sommer bei Trockenheit reichlich wässern und darauf achten, daß sich keine Wurzelunkräuter (Quecke, Giersch) einnisten.

Den Rhabarberaustrieb verfrüht man, wenn über die Pflanze eine Kiste gestülpt und drumherum warmer Mist gepackt wird. Diese Arbeit kann man schon im Februar beginnen, der eventuell noch liegende Schnee wird vorher weggeräumt. Wenn der Schnee getaut ist, wirkt auch mitwachsende Folie oder Vlies, sehr locker über die Pflanzen gelegt, ernteverfrühend. Allerdings entfällt dabei der Bleicheffekt, den wir ja wegen der Verringerung des Oxalsäuregehaltes begrüßen.

Die Ampferarten sät man im August oder im März/April, je nachdem wann man die Ernte erwartet. Augustsaat ist vorzuziehen. Reihenentfernung 30 cm, pro m^2 2 g Saatgut, nach dem Auflaufen in der Reihe auf 15 bis 25 cm verziehen. Der Gartenampfer braucht einen größeren Standraum als der Sauerampfer.

Auch der Ampfer benötigt Stallmist oder Kompost vor der Saat, die mineralische Düngung von 120 g/m^2 Blauvolldünger erfolgt in zwei bis drei Gaben. Die Gemüseart bringt vier bis fünf Jahre lang gute Erträge, erst dann ist es nötig, wieder an eine Neuanlage zu denken. Im Frühjahr und Sommer muß man die Blütentriebe ausbrechen, der Ertrag wird dadurch höher. Auch Sauerampfer kann man mittels Kisten oder Folie verfrühen.

Ernte und Aufbewahrung: Vom Rhabarber erntet man im ersten Jahr nach der Pflanzung noch keine Blattstiele, damit die Pflanze nicht unnötig geschwächt wird. In den folgenden Jahren beginnt beim nicht verfrühten, also nicht getriebenen Rhabarber die Ernte im April und ist Ende Juni vorüber. Man dreht die Stiele vorsichtig heraus, bitte nicht schneiden! Entfernen Sie nicht sämtliche Blätter und Blattstiele, das halten die Pflanzen nicht aus, sie werden dann „totgeerntet". Nach Beendigung der Erntekampagne wird mineralisch gedüngt und reichlich gewässert.

Rhabarberstiele halten sich im Kühlschrank nur sehr kurze Zeit.

Die Ampferernte beginnt ca. drei Monate nach der Aussaat, die Pflanzen müsssen zu diesem Zeitpunkt fünf Blätter haben. Beim Sauerampfer fängt bei älteren Kulturen die Ernte nach dem Austreiben im Frühjahr an, vom Gartenampferkönnen das ganze Jahr über, auch über den Winter, Blätter abgenommen werden. Doch Vorsicht! Ernten Sie Ihren Ampfer nicht zu Tode, indem sie ihm sämtliche Blätter und damit die Atmungs- und Assimilationsfläche wegnehmen. Bei allen Ampferarten wird der Juli das Ernteende signalisieren, daß sich die Pflanzen erholen können. Ampferblätter schneidet man nicht mit dem Messer, man pflückt sie, unten beginnend, ab, die Herzblätter müssen geschont werden.

Knollenfenchel

Foeniculum vulgare var. azorikum

Allgemeines: Der Fenchel ist ein altes Heil- und Gewürzkraut (Gewürzfenchel = var. dulce), dessen Samen das charakteristische Fenchelöl enthalten und die gegen die verschiedensten Krankheiten gebraucht wurden und noch heute verwendet werden. Allgemein bekannt ist der Fencheltee für kleine Kinder, der Krämpfe und Schmerzen, kurz alle Beschwerden des Verdauungsapparates lindert. Als Gewürz sind Fenchelkörner ausgezeichnet beim Backen und Kochen zu gebrauchen.

Der Fenchel stammt aus dem Mittelmeergebiet bis hinein nach Vorderasien. Alle alten Kulturvölker kannten die Heil- und Gewürzpflanze, über die Römer scheint das Kraut auch nach Mitteleuropa gekommen zu sein und sich - zuerst im Weinklima - eingebürgert zu haben.

Die Nutzung als Knollenfenchel, als Gemüse also, hat im 19. Jahrhundert begonnen, und zwar im Mittelmeergebiet, vor allen Dingen in Italien. Die Namen 'Finocchio' und 'Bologneser Fenchel' sind recht bekannt. Auch diese Gemüseart hat sich in den letzten Jahrzehnten sehr ausgebreitet, bekanntgemacht wohl durch die Italienurlauber und durch die Gastarbeiter.

Bleichsellerie (11)

Schwarzwurzeln (12)

Zwiebeln, gesät (13)

Zwiebeln, überwintert (14)

Zwiebeln-Möhren-Mischkultur (15)

Knoblauch (16)

Winterheckzwiebeln (17)

Schnittlauch (18)

Porree (19)

Rhabarber (20)

Knollenfenchel (21)

Grünspargel (22)

Zuckermais, links zu reif (23)

Ansprüche: Fenchel, auch der Knollenfenchel, liebt die Wärme. Auch der Boden muß sich leicht erwärmen und darf nicht zu schwer sein. Viel Humus sollte sich außerdem im Gartenboden befinden und natürlich viele Nährstoffe, vor allen Dingen Stickstoff.

Sorten: Der Fenchel ist eine ausgesprochene Kurztagspflanze, die im Frühjahr angebaut, unter Einfluß der geringeren Tageslänge blüht und fruchtet. Das ist für den Gewürzfenchel nur gut und richtig, weil man ja seine Samenkörner nutzen will. Nicht so beim Gemüsefenchel, hier müssen wir Mitte bis Ende Juli aussäen, und zwar die Sorten 'Latina', 'Tardo' oder 'Sirio'.

Die Sorte 'Zefa Fino' (oder nur 'Fino' genannt) ist schoßfest, ihr wurde die Kurztagseigenschaft weggezüchtet, man kann sie schon in der Zeit von Mitte April bis Mitte Juni aussäen.

Pflanzung und Pflege: Vom Saattermin haben wir schon gesprochen, man sät direkt an Ort und Stelle, der Fenchel mit seiner Pfahlwurzel läßt sich nämlich schlecht verpflanzen. Reihenentfernung 35 cm (drei Reihen pro Beet), nach dem Auflaufen verzieht man auf 25 cm in der Reihe. Schnecken mögen den Knollenfenchel gerne, deshalb sollten Sie vorbeugen, z.B. mit Fallen (Gläser mit Malzbier oder Zuckerwasser eingraben).

Fenchel ist meist die typische Nachkultur, am besten nach einer Frühkohlart, die im Herbst davor Stallmist erhalten hat. Vor der Fenchelaussaat gibt man etwa 60 g/m^2 eines Blauvolldüngers, ca. vier Wochen später 30 g/m^2 eines mineralischen Stickstoffdüngers.

Wenn Sie die Kultur gut pflegen, regelmäßig hacken und wässern, werden Sie acht Wochen nach der Saat schon die schönsten Knollen zu sehen bekommen. Häufeln Sie an, dann bleiben die Knollen schön weiß und zart.

Die Sorte 'Zefa fino' können Sie ab April auch unter Folie anbauen, Sie haben dann schon im Frühsommer Fenchelgemüse.

Ernte und Aufbewahrung: Wenn Ende Oktober/Anfang November stärkere Fröste zu erwarten sind, sollte die Fenchelernte beendet sein. Einige Zeit lassen sich die Knollen vielleicht noch auf dem Beet halten, wenn sie bis über die Herzblätter mit trockenem Laub bedeckt werden. Schlagen Sie die Knollen, denen Sie den Wurzelballen und nur die Herzblätter belassen haben, Anfang November dicht an dicht in einem frostfreien, kühlen und luftigen Raum in Sand oder Erde ein. Dann gibt es noch in den Weihnachtsfeiertagen Fenchelgemüse aus dem eigenen Garten.

Bleich- und Grünspargel

Asparagus officinalis

Allgemeines: Sie werden es vielleicht nicht glauben, auch der Spargel ist ein harntreibendes Mittel, es wird oft in der Homöopathie angewendet. Die jungen Spargeltriebe enthalten 95 % Wasser, 1,8 % Eiweiß, 0,3 % Fett und 0,4 % Zucker. An sonstigen Inhaltsstoffen sind vorhanden Kalk, Phosphor, Eisen, Kaliumsalze, Fluor und das für den Spargel charakteristische Asparagin, das ihm seinen typischen Geschmack verleiht und das harntreibend wirkt. An Vitaminen enthält der Spargel B_1, B_2, Nikotinsäure und Vitamin C. Das meiste Vitamin C findet man in der Spitze und in der Schale der jungen Triebe, am vitaminreichsten ist der Grünspargel.

Der Spargel ist eine ausdauernde Pflanze, seine Heimat sind die Gebiete am östlichen Mittelmeer, der Orient und Vorderasien. Heute ist der Spargel weltweit eingebürgert und wird als Gemüsepflanze genutzt. In manchen Gegenden hat er sich selbständig gemacht und ist verwildert. Die Pflanze ist zweihäusig, es gibt also männliche und weibliche Pflanzen. Die männlichen kommen früher in das ertragsfähige Alter, sie bringen auch höhere Erträge (mehr Stangen) und leben länger. Im Jugendstadium lassen sich weibliche und männliche Pflanzen noch nicht unterscheiden.

Die Römer bauten „unseren" Spargel gezielt an und brachten die Pflanze auch nach Mitteleuropa. Die Gattung läßt sich zuerst in Frankreich nachweisen, erst im 16. Jahrhundert kommt die Spargelkunde auch aus den deutschen Kräuterbüchern, man legt großen Wert noch auf seine Eigenschaften als Heilpflanze. Erst Anfang des 17. Jahrhunderts scheint man die Stangen auch als Gemüse gegessen zu haben, erst noch ungebleicht, dann ab Mitte des 19. Jahrhunderts hat sich der Bleichspargel durchgesetzt. Er wurde von den Holländern bei uns eingeführt.

Ansprüche: Der Spargel ist ein Tiefwurzler, er braucht tiefgründige, lockere und nährstoffreiche Böden, die Pflanze liebt Licht, Wärme und Luft, man setzt sie am besten in einen sonnigen Gartenteil.

Sorten:

- Bleichspargel: 'Ruhm von Braunschweig', 'Huchels Leistungsauslese' und 'Schwetzinger Meisterschuß'.
- Grünspargel: 'Spaganiva' und 'Sperling's Merrygreen'.

Es können aber auch sämtliche Bleichspargelsorten als Grünspargel angebaut werden, der Unterschied zwischen Bleich- und Grünspargel liegt ja nicht in botanischen Verschiedenheiten sondern in der Anbauweise.

Spargelpflanzen werden ab Mitte März angeboten, kaufen Sie nur einjährige Pflanzen, die mehrere Knospen haben.

Pflanzung und Pflege: Bleichspargel: Eine Spargelkultur kann bis zu 16 Jahren im Ertrag bleiben, jedes Jahr wird durch die Ernte eine große Menge organischen Materials entnommen, die Pflanzen sind Tiefwurzler.

Deshalb muß im Herbst vor der Pflanzung der Boden so tief wie möglich gelockert werden (rigolen, d.h. zwei bis drei Spatenstiche tief umgraben). Dabei muß reichlich Kompost und Stallmist eingearbeitet und außerdem eine mineralische Vorratsdüngung von 200 g Thomasmehl und 100 g 40%iges Kali/m^2 verabreicht werden. Jungpflanzen beschaffen Sie sich in der nächsten Gärtnerei oder in einem Gartencenter, eventuell nennt man Ihnen dort auch die Adressen guter Anzuchtbetriebe.

Sobald im Frühling der Frost aus dem Boden und die Erde abgetrocknet ist (meist im März), markieren wir die Reihenentfernung (1,50 m) auf unserem Spargelland, die Reihen stehen in N-S-Richtung. Nun spannen wir eine Pflanzschnur an den markierten Stellen und heben entlang dieser Schnur ca. 35 cm tiefe und ebenso breite Gräben aus, lockern die Grabensohle auf und verbessern sie mit Kompost und einer mineralischen Grunddüngung von 50 g Blauvolldünger/m^2. Der Grabenaushub hat mit dieser Maßnahme nichts zu tun, er lagert, gleichmäßig verteilt, an den Rändern des Pflanzgrabens und wartet der Dinge die da kommen. Im Graben markieren wir die Pflanzstellen und setzen die Jungpflanzen mit gleichmäßig ausgebreiteten Wurzeln an diese Punkte, bedecken die Wurzeln mit der verbesserten Erde aus der Grabensohle, drücken fest und gießen an.

Im ersten Jahr bleibt die Kultur so stehen wie sie oben beschrieben wurde. Ca. fünf bis sieben Wochen nach der Pflanzung gibt man eine mineralische Kopfdüngung von 20 g/m^2 Blauvolldünger, um den Krautwuchs zu fördern, bei Trockenheit muß unbedingt gründlich gewässert werden. Den reichlich vorhandenen Platz, der zwischen den Reihen offen daliegt, kann man mit Zwischenkulturen, z.B. Buschbohnen, Salat oder Kohlrabi nutzen.

Im Herbst schneidet man das dürre Kraut ca. 10 cm über dem Boden ab und verbrennt es oder, wo in einer Siedlung das nicht erlaubt ist, gibt es in die Mülltonne. Geben Sie das Kraut niemals auf den Kompost, denn in diesem dürren Kraut befinden sich meist die Überwinterungsformen der gefürchteten Spargelschädlinge und -krankheiten, wie die Puppen der Spargelfliege und die Sporen des Spargelrostes.

Im zweiten Frühjahr braucht der Spargel viele Nährstoffe, damit er sich gut entwickelt. In der Zeit zwischen April und Juni verabreichen wir 150 g/m^2 Blauvolldünger. Sie können alles auf einmal geben oder verteilt auf zwei bis drei Düngungen. Günstiger ist letzteres. Schon vorher, im zeitigen Frühjahr, hat man die Erde aufgelockert und die Reste des vorjährigen Krautes vernichtet, also verbrannt oder in der Mülltonne zur Abfuhr bereitgestellt. Wenn Sie etwas Komposterde übrig haben, sind die noch in ihren Gräben stehenden Pflanzen recht dankbar dafür, sie wachsen, angeregt von organischer und mineralischer Düngung, dann zu recht schönen Exemplaren heran.

Während der sommerlichen Hackarbeiten füllen Sie nun nach und nach den Aushub in die Gräben ein, so daß im Herbst das Land eben daliegt. Jetzt wird wieder wie im ersten Jahr das Kraut abgeschnitten und vernichtet.

Das dritte Frühjahr der Bleichspargelkultur beginnt mit den schon beschriebenen Maßnahmen, nämlich Boden lockern und Krautreste entfernen. Aber nun häuft man einen ca. 20 cm hohen Erdwall über die Reihen, er wird mit dem Krail oder mit der Hacke hochgezogen und mit Spaten und Schaufel festgeklopft. Ende April/Anfang Mai sollte man mit dieser Arbeit fertig sein, denn schon im April, sobald es etwas wärmer wird, beginnen die Spargelpflanzen zu treiben, und da wir ja gebleichte Spargelstangen ernten wollen, müssen wir diesen Damm aufhäufen. Die Triebe wachsen hinein und haben so, vom Licht abgeschlossen, die berühmte weiße Farbe. Will man Ia Bleichspargel haben, muß man den Erdwall ständig fein glattgestrichen halten, sieht man irgendwo einen kleinen Riß oder eine winzige Erhöhung, ist es das Zeichen, daß eine Stange ans Licht durchstoßen will. Man legt dann vorsichtig mit der Hand den Trieb (der Fachmann nennt ihn „Pfeife“) frei und sticht ihn, ca. 25 cm lang, mit dem Spargelmesser heraus. Achten Sie bitte bei dieser Prozedur darauf, daß die jüngeren und kleineren Triebe nicht beschädigt werden. Ist die erntereife Stange entnommen, füllt man den Wall sorgfältig wieder auf und streicht ihn glatt.

Die Ernte muß spätestens am 24. Juni, dem Johannistag, beendet sein, sonst kann sich die Pflanze nicht mehr erholen, und im nächsten Jahr haben wir eine Mißernte.

Nach der Ernte ebnet man das Land ein, zieht den Wall von den Pflanzen weg, gibt ihnen eine mineralische Blaukorndüngung, ca. 150 g/m², und läßt sie durchwachsen. Im Herbst wird wieder das Kraut abgeschnitten und vernichtet.

Verfrühen kann man die Ernte mit Flachfolie, mit ungelochter, 0,05 mm PE-Folie oder mit Anti-Tau-Folie, die nicht beschlagen kann, so daß man die ersten Zeichen der durchstoßenden Stangen sieht. Die Ernte beginnt dann zwei Wochen früher und ist drei Wochen früher beendet, der Ernteschluß ist dann also spätestens Anfang Juni, die Pflanzen haben dann länger Zeit zu assimilieren und Reserven zu bilden. Die technische Durchführung ist einfach. Sobald das Wetter es im Frühjahr zuläßt, häuft man die Dämme auf und überdeckt sie mit Folie

So geht es Jahr für Jahr weiter. Im Frühjahr Dämme aufhäufen, ernten, Dämme einebnen, düngen, lockern, Unkraut bekämpfen, wässern, Kraut abschneiden und vernichten. Alle zwei Jahre gibt man eine organische Düngung mit Kompost oder Düngetorf.

Grünspargel: Hier ist die Kultur wesentlich einfacher, Gräben und Dämme fallen ja weg. Doch eine tiefe Bodenbearbeitung und eine ausgezeichnete Bodenverbesserung ist auch hier unumgänglich. Wir wissen ja, daß der Spargel ein Tiefwurzler ist, und soll er gute Erträge bringen, muß er auch gut ernährt werden. Deshalb ist auch die mineralische Düngung genau so hoch und wird zu den gleichen Zeitpunkten verabreicht wie beim Bleichspargel.

Wir setzen im März, spätestens Anfang April, 100 x 40 cm, am besten in eine 10 cm tiefe Furche. Wie beim Bleichspargel haben wir uns einjährige, mit zahlreichen Knospen versehene Jungpflanzen besorgt. An den markierten Pflanzstellen breiten wir die Wurzeln sternförmig aus, decken verbesserte Erde darüber, drücken fest und gießen an. Wenn der Sämling angewachsen ist, kann die Furche eingeebnet werden.

Auch hier passiert im ersten Jahr noch nicht viel, und wir können daher den noch freien Platz mit den beim Bleichspargel beschriebenen Zwischenkulturen nutzen. Diese Zwischenkulturen brauchen natürlich auch Nährstoffe. Wir erhöhen daher alle Blaukorn-Düngegaben um 40 g/m^2 und streuen sie so, daß das ganze Land gleichmäßig bedeckt ist. Ich will Sie jetzt nicht noch einmal mit dem Hinweis auf die Vernichtung des alten Spargelkrautes im Herbst langweilen, das dürfte inzwischen bekannt sein. Es soll aber gesagt werden, daß es der Kultur recht gut tut, wenn der Boden im Sommer beispielsweise mit verrottetem Stallmist gemulcht wird.

Ab dem dritten Jahr kann man auch den Grünspargel ernten, die Erntezeiten sind dieselben wie beim Bleichspargel, der Vorgang ist jedoch wesentlich einfacher. Man schneidet die Stangen, sind sie 25 cm hoch geworden, ein- bis zwei-fingerbreit unter der Bodenoberfläche einfach ab.

Bleich- und Grünspargel werden vor allen Dingen von Spargelfliege und Spargelrost befallen. Besonders bedroht sind die jungen Anlagen im zweiten Kulturjahr. Von der Vernichtung und zwar der konsequenten Vernichtung des Spargelkrauts im Spätherbst haben wir wiederholt gesprochen.

Ernte und Aufbewahrung: Über die Spargelernte haben wir ja im Kulturzusammenhang schon oben ausführlich gesprochen. Beide Gruppen, ob Bleich- oder Grünspargel, lassen sich ausgezeichnet zwölf Monate lang im Tiefgefriergerät aufbewahren.

Zuckermais und Puffmais

Zea mays

Allgemeines: Der Mais ist eine amerikanische Pflanze, 1520 kam er von Westindien nach Spanien. Das Zuckermaiskorn enthält viel Dextrin und Zucker, Futtermais hat Stärke in seinen Samenkörnern.

Der Mais ist eine alte Kulturpflanze der indianischen Hochkulturen, ein einjähriges Gras. Die Blüten sind einhäusig, es befinden sich also weibliche und männliche Blüten an einer Pflanze, die männlichen als Rispe an der Spitze, die weiblichen als Kolben an den Seiten. Die Griffel hängen bei den weiblichen Blüten weit heraus, so daß der Wind sie gut bestäuben kann. Frische Maisgriffel wirken harntreibend. Bei tropischen Maisformen ist in den Griffeln ein Alkaloid enthalten, in Peru verwendet man sie als Betäubungsmittel.

Der Zuckermais (sweetcorn) und der Puffmais (popcorn) haben sich im Verlauf des 19. Jahrhunderts in Amerika entwickelt. Nach dem letzten Krieg sind sie auch in Mitteleuropa Mode geworden.

Ansprüche: Mais ist frostempfindlich (Keimung bei einer Bodentemperatur von +10°C), daher nie vor den Eisheiligen auf das Beet bringen. Die Pflanzen brauchen einen guten Gartenboden, Sonne, Wärme und viel Wasser.

Sorten:

- Zuckermais: 'Aztec' (verbesserter 'Golden Beauty') ist früh, 'Sweet 77' ist sehr süß, mittelfrüh und mit schönen Kolben, 'Sperling's Goldprinz' hat große Kolben und ist früh, 'Honeycomb' ist extra süß und mittelfrüh, ein F_1-Hybrid.
- Puffmais: 'Peppi' ist ertragreich und früh.

Pflanzung und Pflege: Um dem Mais einen Wachstumsvorsprung zu geben, zieht man die Jungpflanzen vor. Legen Sie zwei bis drei Mais-Samenkörner in mit guter Komposterde oder Anzucht-Fertigerde gefüllte 10 cm-Töpfe und halten Sie sie feucht und warm (20°C). Nach den Eisheiligen wird ausgepflanzt, Abstand 50 x 20 cm, wenn der Verpflanzschock überwunden ist, vereinzeln Sie auf ein Exemplar pro Pflanzstelle.

Man kann auch direkt ins Freiland säen (Abstände siehe oben), man kann schwarze Mulchfolie verwenden und/oder die jungen Maissämlinge mit einem Folientunnel überbauen. Bei letzterer Methode ist ein früherer Pflanz- und Erntetermin möglich.

Es ist am besten, Sie bauen ein ganzes Beet mit Mais an, die Pflanze wird bekanntlich durch den Wind bestäubt, da müssen genügend Exemplare vorhanden sein. Aus diesem Grund sollte man auch den Zuckermais und den Puffmais nur mit einer weiten räumlichen Entfernung voneinander setzen (mindestens 20 m), sonst gibt es unangenehme Bastardierungen.

Als Grunddüngung vor dem Anbau streut man 80 g/m² Blauvolldünger, die Kopfdüngung mit 40 g/m² folgt, wenn sich die Kolben zu entwickeln beginnen.

Ernte und Aufbewahrung: Die ersten Zuckermais-Kolben kann man schon Mitte August ernten. Man wartet bei dieser Maisgruppe nicht, bis die Körner fest werden, sie schmecken „milchreif" am besten. Die delikaten Zuckermaiskörner können Sie roh vom Kolben nagen (Kinder tun das sehr gerne), kochen, dünsten, grillen oder mit Butter beträufeln. Mais läßt sich gut tiefgefrieren, kann aber auch in Dosen und Gläsern mittels Dampf haltbar gemacht werden (mit und ohne Kolben).

Puffmais erntet man im September, wenn die Körner hart und die Hüllblätter braun geworden sind. Trocknen Sie die Kolben an der Sonne, auf dem Balkon, zusammen mit Gewürzpaprika und Knoblauch geben sie ein malerisches Bild. Anschließend reiben Sie die Körner von den Kolben herunter. Popcorn stellt man in einer Pfanne mit heißem Öl her, die Körner platzen auf, die stärkereiche Innenseite dreht sich nach außen. Zusammen mit Zucker oder mit Salz ist Popcorn das schönste Kindervergnügen.

Übersichtstabellen zum Gemüseanbau

Pflanze	Aussaat	Pflanzung	Endabstand (cm)	Ernte
Weißkohl Rotkohl Wirsing	geschützt: Febr. (Gewächshaus) im Freiland: A. April– A. Mai	Apr.–M. Juni Winterwirsing: –M. Juli	40 × 35 bis 60 × 60	E. Mai– A. Nov. (Rotkohl: ab E. Juni)
Advents-wirsing	im Freiland E. Aug.– M. Sept.	Oktober	25 × 50	Apr.–Mai (des nächsten Jahres)
Butter-kohl	im Freiland: A. Juli	A. August	40 × 40	ab E. Sept.
Kohlrabi	geschützt: Feb. (Gewächs-haus) im Freiland: März–M. Juli	E. März– M. Aug.	25 × 25 bis 30 × 30	Juni–Nov.
Blumen-kohl, Brokkoli	geschützt: Febr. (Gewächshaus) –Apr. im Freiland: März–Juni	A. April–Juli	40 × 50 bis 50 × 65	Juni–Okt.
Rosen-kohl	im Freiland: A. Apr.– E. Apr.	E. Mai–A. Juni	50 × 60	Sept.–Nov. Spätsorten: auch
Grün-kohl	im Freiland: E. Mai–E. Juni	E. Juni–E. Juli	40 × 40 bis 50 × 50	Okt.–März
China-kohl, Pak Choi	im Freiland: M. Juli– M. Aug.	–	30 × 35 bis 40 × 40	E. Sept.–Nov.
Speise-rüben	im Freiland: ab März	–	Reihenabstand: 12–20	M. April–Nov.

Pflanze	Aussaat	Pflanzung	Endabstand (cm)	Ernte
Steckrüben/ Kohlrüben	im Freiland: Apr. – A. Juni	M. Mai – E. Juli	50 × 40	Okt. – Nov.
Rettich, Radieschen	im Freiland E. März – E. Aug.	–	Rettich: 12 × 15 bis 40 × 30 Radieschen: 6 × 8	Mai – Okt. Winterrettich: Okt. – März
Meerrettich	–	April	60 × 50	E. Okt. – Nov.
Rote Rübe	im Freiland: E. Apr./Juni	(Ende Juni)	25 × 10	Aug. – Nov.
Möhren	im Freiland: E. Febr. – Juli	–	Reihenabstand 20 – 25	Juni – Nov.
Pastinaken	im Freiland: E. Febr. – Juni	–	30 × 20 bis 40 × 20	Aug. – Febr.
Blattpetersilie	im Freiland: E. Febr. – A. Juni	–	Reihenabstand: 20	Mai – Dez.
Wurzelpetersilie	im Freiland: E. Febr. – April	–	25 × 5	Nov.
Sellerie	geschützt: A. April	E. Mai – A. Juni	Schnittsellerie: 10 × 15 Knollensellerie: 40 × 40 Bleichsellerie: 40 × 40	Schnittsellerie: A. Juli Knollensellerie: M. Okt. Bleichsellerie: M. Aug.

Pflanze	Aussaat	Pflanzung	Endabstand (cm)	Ernte
Schwarzwurzeln	im Freiland: März	–	Reihenabstand: 30	Okt.–Febr.
Küchenzwiebeln Knoblauch, Schalotten	im Freiland: März	März	Zwiebeln: 25 × 5 Knoblauch: 15 × 15 Schalotten: 20 × 15	M. Juni–E. Aug.
Schnittlauch, Winterheckzwiebeln	Schnittlauch: März–Juni Winterheckzwiebeln: März/Aug.	M. Mai–M. Juli	25 × 25	im ersten Jahr: ab Juni, dann laufend
Perlzwiebeln	im Freiland: März	–	10 × 10	Aug.–Sept.
Porree	im Freiland: März–E. Juni	März (Jungpflanzen kaufen)–E. Juli	30 × 15	Juni–Apr. (Wintersorten)
Rhabarber	–	Febr.–A. März/ Oktober	100 × 100	Apr.–E. Juni
Ampfer	im Freiland: März–April/ Aug.–Sept.	–	30 × 15 bis 30 × 25	im ersten Jahr: 3 Monate nach Aussaat Gartenampfer: ganzjährig Gartensauerampfer: Apr.–Juli
Fenchel	im Freiland: Juni–M. Juli ‚Zefa Fino': M. Apr.–M. Juni	–	35 × 25	Oktober (‚Zefa Fino' ab Aug.)
Spargel	–	März–April	150 × 35	ab 3. Jahr: A. Mai–24. Juni
Zuckermais	im Freiland: M. Mai	–	50 × 20	M. Aug.

Anschriften von Samenfirmen

Blauetikett
Bornträger GmbH
6521 Offstein

Eugen Fetzer
Samenzucht
Postfach 280
8710 Kitzingen

Karl u. Walter Hild
Samenzüchter
Postfach 99
7142 Marbach a. N.

Hans Hoffmann
Samenzucht
Bahnhofsplatz 1
8550 Forchheim

Bruno Nebelung GmbH u. Co.
Pflanzenzucht
Albersloher Weg 25
4400 Münster

Carl Sperling u. Co.
Samenzucht
Postfach 2640
2120 Lüneburg

van Waveren
Samenzucht
3405 Rosdorf/Göttingen

Julius Wagner
Samenzucht
Eppelheimerstr. 20
6900 Heidelberg

Stichwortverzeichnis

Bildnachweis:

Titelfoto: Sabine Rübensaat

Farbfotos:
Bayerische Landesanstalt für Bodenkultur und Pflanzenbau: 18
Peter Busch: 2, 4, 6, 11, 15, 16, 17, 20, 22
Institut für Gemüsebau der TU München-Weihenstephan:
10, 12, 19
Firma Bruno Nebelung: 1, 3, 8, 9, 21
Helmut Range: 5, 13, 14, 23
Bettina Vogtmeier: 7